Barbara van den Speulhof   Fréderic Lehmann

Heilende Geschichten

Kinder wachsen mit Worten

Barbara van den Speulhof Fréderic Lehmann

Heilende Geschichten

Kinder wachsen mit Worten

BEUST VERLAG

Die Deutsche Bibliothek – Cip-Einheitsaufnahme

van den Speulhof, Barbara / Lehmann, Fréderic:
Heilende Geschichten. Kinder wachsen mit Worten / Barbara van
den Speulhof / Fréderic Lehmann. München : Beust, 2000
   (Kids world)
   ISBN 3-89530-024-1

1. Auflage April 2000

Copyright © 2000 Beust Verlag
Fraunhoferstr. 13, 80469 München

FOTOGRAFIE: Florentine Schwabbauer, München, u.a.
LEKTORAT: Trudie Trox/via redaktion für GAIA Text, München
LAYOUTDESIGN, SATZ UND PRODUKTION: GAIA Text, München, Yvonne Heizinger
UMSCHLAGDESIGN: Markus Härle, visual art, Ulm, für GAIA Text, München
DRUCK: Offizin Andersen Nexö, Leipzig

ISBN 3-89530-024-1

Printed in Germany

Gewidmet

Mara Jelissa

João

Lennart

Jamal

Maria

Flora

Kolja

stellvertretend
für alle Kinder dieser Welt

Inhalt

Vorwort 8

Hintergrund 12
Dem Tanz der Libelle folgen 13
Der Kirschbaum 18

1   **Gebrauch und Wirkung
von Sprache** 23
Der Flügelschlag des Kolibri 25
Innere Kommunikation
oder wie wir mit uns selber »reden« 30
Besser werden oder die Geschichte von Sabine 34
Das Haus 37

2   **Die Wirkung von Geschichten** 41
Stark und flink wie ein Pferd 43
Die Geschichte vom Adler,
der glaubte, dass er nicht fliegen könnte 48

3   **Die Struktur wirkungsvoller Geschichten** 53
Vom Tagwerk des Teppichwebers 55
Es war einmal eine Quelle, ... 63

4   **Die verschiedenen
Wahrnehmungs-Positionen** 67
In den Mokassins des Kindes gehen 69
Die Weihnachtsgeschichte 73
Das Mosaik-Spiel 76

5   **Über Ziele und die Wege,
die zu ihnen führen** 79
Der Hüter der Geschichten 81
Die Eiche 90

6 **Das spielerische Entdecken der eigenen Kreativität** 97

Die Spiele des Meistererzählers 99
Spiel Nr. 1 des Meistererzählers 101
Spiel Nr. 2 des Meistererzählers 102
Spiel Nr. 3 des Meistererzählers 102
Spiel Nr. 4 des Meistererzählers 103
Spiel Nr. 5 des Meistererzählers 103
Die zwei Mäuse 104
Der Betonklotz 108

7 **Die Verbindung zwischen Überzeugungen und „Wirklichkeit"** 111

Wie man eine Prinzessin wird, die immer Hilfe findet 113
Das Adler-Spiel 115
Die Antwort des Baumes 118
Die zwei Seiten des Steins 119
Das Krafttier 120
Die Schatzsuche 122
Die Steine 123

8 **Autorität und Repekt, Führen und Loslassen** 129

Er-Ziehen statt Er-Drücken 131
Auch Geschichten verdienen Respekt 134
Vom Esel, der nur gelernt hatte, iii-Ja zu sagen 138

9 **Geschichten sind Freunde und Begleiter** 143

Oma und die Wildschweine 146
Wildschwein-Gulasch/Daube de Sanglier 149

Bildnachweis 151
Literatur-Empfehlungen 152
Register 154
Liste der Geschichten 156

Vorwort

Geschichten sind die ältesten Lehrmethoden, um ganzheitliche Denkansätze zu veranschaulichen und unbewusst in die Lebensgestaltung zu integrieren. Deshalb sind Geschichten so wirkungsvoll. In jeder Geschichte dieses Buch liegt eine tiefe Weisheit, die das Unterbewusstsein anregen wird, in neue Bereiche vorzudringen und das tägliche Leben auf neue Art zu bereichern.

Deshalb ist es mir eine Freude und Ehre, für dieses Buch einige Zeilen schreiben zu dürfen. In einer Zeit, in der viel Eile, Hetze und Stress ist, haben sich zwei wunderbare Menschen, Fréderic und Barbara, die Zeit genommen, in Fantasie- und Märchenwelten einzutauchen und Geschichten zu erfinden und aufzuschreiben. Darüber hinaus haben sie die Muster, die wirkungsvollen und heilenden Geschichten zugrunde liegen, in leicht verständlicher Art aufgezeigt und ermöglichen damit den Leserinnen und Lesern, sich eine eigene Geschichtenwerkstatt zu bauen, um heilende Prozesse bei kleinen und großen Menschen in Gang zu setzen.

Der Tanz zwischen Kreativität und Struktur ist ihnen dabei auf eindrucksvolle Art und Weise gelungen. Das mag daran liegen, dass beide sich die Fähigkeit von klein auf bewahrt haben, in ihre eigenen inneren Welten einzutauchen und von dort tiefe innere Weisheiten in unsere rationale Welt zu bringen.

Vielleicht spüren Sie bereits beim Lesen, wie Ihre eigene Neugierde wächst und Ihr Mut steigt, Ihre inneren Schönheiten noch mehr als bisher zu zeigen und mit anderen zu leben.

Dr. Gundl Kutschera

Frau Dr. Gundl Kutschera ist klinische Psychologin, Psychotherapeutin und Hypnotherapeutin. Ihre Ausbildung zur Familientherapeutin absolvierte sie bei Virginia Satir. Sie ist NLP-Trainerin seit 1982; (NLP-Ausbildung bei John Grinder, Richard Bandler, Leslie Cameron-Bandler, Robert Dilts.)

Dr. Gundl Kutschera war die erste Lehrtrainerin für NLP im deutschsprachigen Raum.

Auf dem Weg zu den Geschichten

Dem Tanz der Libelle folgen

Die Farben des Regenbogens spiegeln sich in den zarten Flügeln der Libelle, während sie scheinbar unbewegt in der Luft verharrt, um im nächsten Augenblick ihre Flugrichtung zu ändern und davonzuschwirren. Sie tanzt zwischen Licht und Schatten, stets ihrer eigenen Choreografie folgend und ihr eigenes Lied singend.

Auf den ersten Blick mag dem Betrachter der Tanz der Libelle unruhig oder unstet erscheinen. Seine Augen vermögen dem kleinen Wesen nicht immer zu folgen. Sein Verstand vermag die Logik ihres Handelns nicht immer zu begreifen.

Und dennoch – oder vielleicht sogar gerade deshalb – besitzt die Libelle einen besonderen Zauber, der den Blick des Betrachters fesselt. Ihm scheint, als würde sie mit dem Raum spielen, in dem sie sich bewegt, wenn sie unsichtbare Grenzen wahrnimmt und blitzschnell ihren Flug stoppt und in Bewegungslosigkeit verharrt. Und das Spiel geht weiter, wenn sie Sekunden später entscheidet, elegant über diese Grenzen hinwegzufliegen. Grenzenlos erscheint auch ihre Zeit, während sie die bizarren Muster ihrer Flugbahn in die Luft malt.

Vielleicht, so mag sich der Betrachter denken, wurde der Libelle von der Natur die Aufgabe zugeteilt, ihn spielerisch aufzufordern, ihren Tanz wachsam, aufmerksam und neugierig zu verfolgen. Vielleicht denkt er dann daran, nicht nur das Lebewesen selbst, sondern ebenso ihr Umfeld, ihren Spiel- und Lebensraum wahrzunehmen, sobald seine Augen ihre Bewegungen begleiten.

Und vielleicht kommt ihm der Gedanke in den Sinn, dabei sowohl diesem kleinen Geschöpf wie auch dem Himmel über ihr, der Erde unter ihr, der Luft, die sie umgibt, allem Lebendigem und scheinbar nicht Lebendigem um sie herum Wertschätzung und Respekt zuteil werden zu lassen – als Teil der Natur mit ihren unerschöpflichen Farben, Formen und Facetten.

Mag sein, dass sich der Betrachter dann entscheidet, das Spiel der Libelle als Einladung zu verstehen, mitzutanzen und – sei es nur in Gedanken – das Fliegen selbst auszuprobieren. Vielleicht …

HINTERGRUND

So wie die kleine Libelle oder ein farbenprächtiger Sonnenaufgang, ein stiller See oder eine tosende Brandung haben Kinder die Fähigkeit, uns reine Freude zu schenken. Ob laut oder leise. Ob mit kleinen Gesten oder mit großen.

Kinder schenken uns zuweilen Momente, in denen wir miteinander pures Glück und Zufriedenheit erleben. Momente, in denen wir uns wohl und geborgen fühlen, während wir selbst Geborgenheit geben. Alle, die mit Kindern leben, kennen diese Momente.

Wir alle haben aber nicht weniger Situationen erfahren, in denen wir als Eltern oder Erwachsene vor Ärger über die Jüngsten platzen könnten, in denen wir frustriert, enttäuscht oder auch einfach nur hilflos sind. Augenblicke, in denen uns Kinder vor Herausforderungen stellen, die schwer zu bewältigen scheinen. Zeiten, in denen uns das Verständnis für die Handlungsweisen unserer Kinder fehlt. Tage, in denen Wut, Ärger oder Traurigkeit unsere Gefühle beherrschen. Sei es, weil unsere Bemühungen nicht in einer Form von Dankbarkeit gekrönt werden, die wir uns wünschen. Sei es, weil wir uns durch Aktionen oder Reaktionen der Sprösslinge vor den Kopf gestoßen fühlen. Zeiten, in denen ein gemeinsames, liebevolles Miteinander von großen und kleinen Menschen unmöglich erscheint.

Den »Tanz« der Kinder besser zu verstehen, ihre Schritte, Bewegungen, Aktionen oder Reaktionen nachvollziehen zu können, ihre »geheimen« Absichten für Stillstand oder Sturm zu ergründen, davon handelt dieses Buch.

Mithilfe von unterhaltsamen oder spannenden Geschichten Kindern Grenzen zu zeigen, wo es nötig ist, und ihnen hinwegzuhelfen über hinderliche Grenzen, Hürden oder Blockaden, ist Ziel dieses Buches.

Wir möchten Sie herzlich einladen, sich auf einen Spaziergang ins Land der Geschichten und Erzählungen zu begeben, damit möglicherweise sogar Neuland zu betreten und selbst den Sprung zu riskieren und in die Rolle eines Geschichtenerfinders und -erzählers zu schlüpfen. Wir sind sicher, dass auch Sie die Worte tanzen lassen können. Wollen Sie einen Versuch wagen? Oder zwei, oder drei …?

Sie können dieses Buch auf vielfältige Art nutzen: Sie können etwas darüber erfahren, wie Menschen Sprache aufnehmen und verarbeiten. Wie Sprache geformt ist, die hilfreich auf das Wachsen und Heranreifen der Persönlichkeit einwirkt.

Sie können erfahren, wie es funktionieren kann, selbst Geschichten zu erfinden. Oder wenn Sie möchten, filtern Sie lediglich die Struktur wirkungsvoller Erzählungen heraus. Sie verhelfen ihrer Kreativität zu neuem Schwung und finden vielleicht neue Strukturen, neue Geschichten, Märchen, Parabeln …

Sie können ihren Kindern auch einfach nur einige Geschichten vorlesen, die wir für Sie aufgeschrieben haben, oder ihnen beliebig einen anderen Ausgang geben. Sie können neue Figuren dazuerfinden oder die Handlung in ein anderes Umfeld, in eine andere Welt versetzen. Alleine oder gemeinsam mit ihren Kindern.

Fühlen Sie sich frei, ihrer Fantasie, ihrem Verstand, ihren Gefühlen und ihren eigenen Worten freien Lauf zu lassen.

sich einlassen

Eine gute Möglichkeit, in Übung zu kommen und in Übung zu bleiben, ist ein persönliches Geschichtentagebuch zu führen. Wann immer Ihnen in der nächsten Zeit Gedanken zum Thema dieses Buches in den Sinn kommen, Bilder oder Analogien auftauchen, schreiben Sie sie in Ihr Tagebuch. Dabei ist es nicht wichtig, ob es Bilder, Symbole oder Worte sind. Schreiben Sie diese Gedanken auf oder malen Sie die Symbole in ihr Tagebuch. Sie könnten der Anfang einer schönen Geschichte sein.

Wir werden Ihnen in diesem Buch ein paar praktische Übungen vorstellen, mit denen Sie Ihre schlummernden Talente wecken können.

Es könnte doch sein, dass sie einen schlafenden Prinzen munter machen, einen verwunschenen Frosch wach küssen oder einem Adler, der von sich glaubt nicht fliegen zu können, zum Jungfernflug verhelfen. Es könnte doch sein … Oder?

Ihr Einverständnis vorausgesetzt, werden wir Sie innerhalb der Übungen mit »du« ansprechen. Auf die Gründe dafür gehen wir später ein. So viel aber sei im Moment dazu gesagt: Die erklärenden, theoretischen Teile sprechen Ihr Bewusstsein, Ihren Verstand, Ihre rechte Gehirnhälfte an. Die praktischen Teile, in denen Sie selbst aktiv werden, sprechen Ihr Unbewusstes, Ihre Kreativität, Ihre linke Gehirnhälfte an. Und diese reagiert erfahrungsgemäß lieber auf diese Art der persönlichen Ansprache.

Fangen wir mit einer ersten Übung an. Sie heißt:

Erinnerst du dich, …

… wie es war, als du selbst noch ein Kind warst. Stell dir vor, genau jetzt wärst du wieder in diese Zeit zurückversetzt. Zurück in einen Moment deiner Kindheit, in dem du alles hattest, was du dir gewünscht hast. Einen Moment, in dem du glücklich und zufrieden warst. Und stell dir weiter vor, du wärst in diesem Moment in einem wunderschönen Garten.

Du gehst, läufst, schlenderst oder springst umher und schaust dich um und bist neugierig, was in diesem Garten alles zu finden ist. Vielleicht ist es ein Kirschbaum mit reifen Kirschen, den du siehst oder riechst, oder ein Erdbeerbeet. Vielleicht sind es auch Wiesen, Blumen, Hecken, hohe oder niedrige Bäume. Gibt es Vögel hier in deinem Garten? Oder andere Tiere?

Und du gehst durch diesen Garten, schaust nach links und nach rechts, hältst hier mal an, um eine Erdbeere zu essen oder ein paar Kirschen vom Baum zu pflücken, gehst wieder weiter, um herauszufinden, was da gerade im Gebüsch geraschelt hat, setzt dich vielleicht ein bisschen hin mit dem Rücken an einen großen Baumstamm gelehnt oder legst dich auf der Wiese ins Gras und riechst den Duft der Erde und der Blumen, schaust den Wolken zu, wie sie vorbeiziehen. Und du hast Zeit und Ruhe, niemand will etwas von dir, du kannst tun und lassen, was du willst.

Und während du weitergehst, immer tiefer in diesen Garten hinein, kommst du an eine dichte Hecke. Und wie du dich hindurch zwängst, um zu sehen, was hinter der Hecke ist, bemerkst du vor dir eine hohe Mauer mit drei Türen. Jede von ihnen sieht ganz verschieden aus. Die eine ist eine kleine Pforte mit einer einfachen Holztür, aber wunderschön bemalt. Die nächste ist ein großes Tor, ganz aus Metall mit vielen geschmiedeten Verzierungen, und die dritte ist eine große zweiflügelige Holztür mit wunderbaren Schnitzereien.

Du gehst näher an die Mauer, um die Türen besser betrachten zu können, und merkst auf einmal, dass dir die Verzierungen zeigen, was du hinter den Türen finden wirst. Du schaust sie dir alle drei genau an, bevor du dich entscheidest, durch welche der drei Türen du heute gehen willst. Und wenn du dich entschieden hast, dann lege deine Hand auf den Türgriff und öffne die Tür. Lasse dich überraschen, was dahinter auf dich wartet …

… und wenn Sie wollen, schreiben Sie nun Ihre Erfahrungen, die Sie »im Land hinter der Türe« gemacht haben, in Ihr Geschichtenbuch. Auch wenn es »nur« ein Bild sein sollte oder ein ganz bestimmtes Gefühl oder ein spezieller Geruch, ein Ton oder Geräusch, schreiben Sie Ihr Erleben dennoch auf. So wie jede Reise mit dem ersten Schritt beginnt, so beginnt jede Geschichte mit dem ersten Satz. Tun Sie während des Schreibens so, als wollten Sie Ihre Erfahrungen jemandem mitteilen, den Sie sehr gerne mögen.

Geschichten sind überall …

Der Kirschbaum

Erst einmal siehst du Blüten – nichts als Blüten. Eine neben der anderen. Ein Ast üppiger als der nächste. Willst du sie zählen?

Und wenn du weiterschaust, siehst du, dass es ein ganz kleines Bäumchen ist, das diese vielen Blüten hervorbringt. Nicht zu vergleichen mit den anderen, den großen Kirschbäumen.

Und wenn du weiterschaust, siehst du noch mehr: Es ist kein junger, kleiner Baum, dessen Blütenpracht du bewunderst: Er ist alt – und blüht. Er liegt ganz verdreht am Boden – und streckt doch seine Zweige mit den Blüten nach oben.

Und dann siehst du ihn neben den anderen, neben den »richtigen« Kirschbäumen: alt, am Boden liegend, verdreht – aber er gehört dazu.

Kannst du dir vorstellen, was im Kopf oder im Herzen des Besitzers jedes Jahr vor sich geht? Vielleicht ist er oder sie selbst alt und denkt sich: Der Baum bringt zwar nicht so viele Früchte wie die jungen – aber kann er nicht ein Zeichen sein für die andere Fruchtbarkeit des Alters?

Möglicherweise gehört der Garten einer jungen Frau oder einem jungen Mann. Vielleicht hat schon der Großvater den Baum gepflanzt und ist mit ihm alt geworden. Und immer ruft das knorrige Gewächs die Erinnerung an den Großvater wach. Wie könnte man es dann umsägen?

Und vielleicht denkt der Besitzer auch daran, wie es sein wird, selbst einmal alt zu sein: Ob dann auch einer da sein wird, der sich an den Blüten freut, selbst wenn nicht mehr so viele Kirschen an den Zweigen hängen? Wird er dann ebenfalls noch dazugehören?

1

Gebrauch und Wirkung von Sprache

Der Flügelschlag des Kolibris

Der Kolibri, der kleinste aller lebenden Vögel, hat eine große Fähigkeit: Sein Flügelschlag erzeugt ein in der Natur einzigartiges, sirrendes Geräusch. Wenn er auf der Suche nach Nahrung von Blüte zu Blüte fliegt, bewegen sich seine Flügel so schnell, dass sie für das menschliche Auge kaum wahrnehmbar sind. Mit diesem Flügelschlag erzeugt der Kolibri außerdem eine besondere Schwingung, die dem individuellen »Ton« der Blüte entspricht. Während er seine eigene Schwingung auf die der Blüte einstellt, kommt er mit ihr in Resonanz. Die zuvor geschlossene Blüte, die die Nahrung des Kolibris in sich verbirgt, öffnet sich und gibt den Nektar frei.

Kolibri und Blüte sind in diesem Moment im Gleichklang. Die äußeren Zeichen der Resonanz sind jedoch ganz unterschiedlich. Beide sprechen ihre eigene »Sprache« und dennoch kommunizieren sie miteinander und verstehen sich in einer bewundernswert harmonischen Art und Weise. Auch ist diese Form der Kommunikation für beide nutzbringend. Der Kolibri erhält, was er zum Leben braucht: den Nektar der Blüte. Und die Pflanze, deren Fortbestand von der Bestäubung durch Insekten oder Vögelchen abhängt, profitiert von dem »Gespräch«.

Lehnen Sie sich für einen Moment zurück, machen Sie es sich bequem und stellen Sie sich vor, wie es wäre, wenn die Kommunikation zwischen Ihnen und Ihrem Kind auf die gleiche Weise funktionieren würde wie zwischen Kolibri und Blüte. Was genau würde sich verändern? Wie würde sich diese andere Form des Gesprächs anhören? Welche Gedanken würden Sie bewegen, wenn Sie mit Ihrem Kind sprechen? Von welchen Gefühlen oder Wünschen würden Ihre Sätze getragen, wären Sie der Kolibri und Ihr Kind wäre die Blüte?

Wir möchten Sie einladen zu einem Ausflug in die Welt des gesprochenen Wortes. Zu einer Reise ins Land der Sprache, die wir alltäglich im Umgang mit unseren Kindern verwenden. Zu einem Abstecher dorthin, wo die Sätze geschmiedet werden, die wir Kindern im ganz normalen Alltagsgeschehen präsentieren, Sätze die uns – ohne nachzudenken – förmlich aus dem Mund schlüpfen, wenn wir Kindern etwas mitteilen, etwas beibringen wollen. Wenn wir sie etwas fragen oder ihnen antworten.

Eine weitere Übung

Überlegen Sie sich einmal Folgendes: Wenn Sie wollen, dass Ihr Kind etwas tut, denkt oder beachtet, wie oft sagen Sie es ihm dann? Und wie oft sagen Sie das, was Sie nicht wollen? Wie oft sagen Sie Ihrem Kind, was Sie an ihm gut finden, was Sie mögen, was Ihnen gefällt oder Sie freut? Und wie oft drücken Sie Missfallen oder Ärger aus?

Gäbe es eine Hitparade Ihrer häufigsten verbalen Äußerungen, welche wären Ihre Top Ten, eben die Sätze, die Sie am häufigsten benutzen?

Die freien Zeilen im Anschluss an die Beispielsätze sind für Ihre Gedanken reserviert. Hier können Sie aufschreiben, was Ihnen spontan zu diesen Sätzen einfällt. (Oder Sie schreiben alles in Ihr Geschichtentagebuch.)

Die Sätze, die ich am häufigsten verwende, um zu sagen, was ich nicht will:

(Beispiele: »Pass auf, dass du nicht hinfällst!« Oder: »Tu dir nicht weh!«)

Die Sätze, die ich am häufigsten verwende, um zu sagen, was ich will:
(Beispiel: »Geh vorsichtig die Treppe hinunter, damit du sicher ankommst.«

_____

_____

_____

_____

_____

Die Sätze, die ich am häufigsten verwende, um zu sagen, was mich ärgert:
(Beispiel: »Du bist dumm und faul. Das habe ich schon immer gewusst!«)

_____

_____

_____

_____

_____

Meine meistverwendeten Sätze, um zu sagen, was ich mag:
(Beispiel: »Das Bild hast du wunderschön gemalt.«)

_____

_____

_____

_____

Wie ist es Ihnen beim Aufschreiben ergangen? Was fiel Ihnen leicht, welche Rubrik erforderte Zeit zum Nachdenken?

Wenn Sie nun, nachdem Sie Ihre »Lieblingssätze« aufgeschrieben haben, noch einmal nachlesen: Welche Sätze sind nun die vertrautesten? Welche sind Ihnen so geläufig, weil Sie sie bereits aus Ihrer eigenen Kindheit kennen? Welche dieser Sätze möchten Sie beibehalten und von welchen Sätzen würden Sie sich gerne verabschieden?

HINTERGRUND

In welchem Zusammenhang und welche Inhalte auch immer mithilfe des gesprochenen Wortes transportiert werden: Es wird damit eine grundsätzliche Richtung für das Denken und letztlich ebenfalls für das Handeln vorgegeben. Es wird gelenkt und gesteuert. Reaktionen und Handlungen werden in gewisser Weise vorprogrammiert, und zwar bei dem, der spricht, sowie bei dem, der zuhört.

Genauso wie mit Gesten oder Handlungen wirken Eltern mit ihren Worten vorbildhaft auf Kinder. Sprache zeigt auf jeden Fall Wirkung. Die Frage ist nur, ob der erzielte Effekt auch beabsichtigt war.

Nehmen wir ein Beispiel. Eine Mutter sagte zu ihrem bastelnden Kind: »Pass mit der Schere auf, du könntest dich schlimm in den Finger schneiden.«

Könnten wir den »inneren Film«, der in diesem Kind abläuft, nicht nur betrachten, sondern zudem in Zeitlupe ablaufen lassen, würden wir Folgendes wahrnehmen:

Das Kind lenkt seine Aufmerksamkeit von seiner Bastelarbeit ab und hört der Mutter zu. Und weniger Aufmerksamkeit bedeutet weniger Achtsamkeit. Um zu verstehen, was die Mutter sagt, muss sich das Kind nicht nur die Schere mit ihrer Funktion des Schneidens vorstellen, sondern sich ferner vergegenwärtigen, wie genau und was genau die Schere schneiden kann. Weiterhin muss sich das Kind ein Bild oder eine Vorstellung davon machen, sich selbst zu schneiden, zu verletzen. Nun können Sie sich denken, wie hoch die Wahrscheinlichkeit ist, dass sich das Kind schneidet. Das kleine Unglück ließ nicht lange auf sich warten!

Aus dieser Warte betrachtet, ist es ein Wunder, dass im täglichen Umgang mit Kindern nicht viel häufiger Unfälle oder Missgeschicke passieren.

Eines ist sicher: Die Mutter wollte keinesfalls, dass sich das Kind auf Grund ihrer Äußerung verletzt. Im Gegenteil, sie wollte es vor Schaden bewahren.

Sie können nun fragen, was man stattdessen sagen soll, um das eigentliche Ziel zu erreichen.
Wie wäre es mit:

»Ich weiß, dass du schon gut mit einer Schere umgehen kannst und gut auf dich aufpasst.« Oder: »Ich freue mich, dass du schon so geschickt basteln kannst.«

Je häufiger wir also gewisse Sprachmuster verwenden, um so mehr prägen sich diese bei Kindern ein. Sie wirken überaus subtil, denn sie sprechen das Unbewusste an. Äußerungen dieser Art haben einen hypnotischen Effekt. Sie wirken wie Programmierungen. Es ist, als würden sie im Gehirn Gedächtnisspuren vertiefen, Erfahrungswege verbreitern. In der negativen wie auch in der positiven Richtung.

Je mehr wir uns solcher Prozesse bewusst sind, umso größer ist die Gewissheit, dass unsere Sprache und unser Handeln förderlich auf die Entwicklung eines Kindes einwirken. Wir haben die Wahl.

sich einlassen

Sicherlich gehört ein bisschen Übung dazu, die neue Art der Kommunikation umzusetzen. Am Anfang mag es etwas holprig oder unbeholfen klingen, wenn wir neue »Töne« ausprobieren. Denn auch wir haben Gedächtnisspuren und Erfahrungswege in unserem Gehirn, die eingegraben und manchmal ausgetreten sind. Neue Wege zu beschreiten, erfordert immer etwas Pioniergeist. Sie werden allerding mit zunehmender Übung schnell merken, wie sich das Ganze verselbständigt, immer leichter und einfacher wird.

Denken Sie nochmals zurück an den Kolibri und die Blüte. Stellen Sie sich vor, es wäre Eltern möglich, in der Verständigung mit Kindern ein ähnliches Phänomen zu erzeugen. Der »Flügelschlag« symbolisierte Ihre Sprache und die »Blüte« signalisierte, ob die Worte Wirkung zeigen.

Um eine so gut funktionierende Kommunikation mit Kindern erreichen zu können, ist es bedeutend, wie gut wir mit uns selbst kommunizieren, wie gut wir mit uns selbst in Resonanz sein können. Und das hängt entscheidend davon ab, wie wir mit uns selbst innerlich reden, welche Bilder, Vorstellungen und Fantasien wir uns machen.

Dies mag sich durchaus befremdlich anhören, aber lassen Sie uns eine Geschichte aus einer französischen Tageszeitung berichten, die verdeutlicht, was mit »innerer Kommunikation« gemeint ist.

Geschichten sind überall …

Die Stadträte

Man hatte einen berühmten Städteplaner, der den ausgeschriebenen Wettbewerb zur Gestaltung der westlichen Einfahrt von Apt leitete, in den Stadtrat eingeladen, um die Abgeordneten über den Stand der Dinge zu informieren. Als er sie bat: »Schließen Sie die Augen und sagen Sie mir, wie Sie die westliche Einfahrt von Apt sehen«, hörte man in die entstehende Stille hinein einen Abgeordneten laut sagen: »Also ich, wenn ich die Augen zumache, seh' ich gar nichts mehr!«

HINTERGRUND Dieser Mann hatte nicht verstanden, dass er umschalten sollte und konnte, von seiner alltäglichen äußeren Wahrnehmung durch seine geöffneten Augen, auf seine innere Wahrnehmung, seine inneren Vorstellungen, seine Fantasie.

Wir müssen zugeben: Der Gebrauch dieser Art der Wahrnehmung ist uns nie richtig beigebracht worden. Und dabei stellt sich in letzter Zeit immer deutlicher heraus, dass gerade diese inneren Bilder oder Vorstellungen eine erstaunliche Macht über uns besitzen und die Tendenz haben, sich zu verwirklichen.

Wenn Sie sich zum Beispiel schon morgens im Bett vorstellen, was Ihnen der neue Tag alles an schlimmen Erlebnissen, an Katastrophen und unerfreulichen Begegnungen bringen wird, erhöhen Sie ganz beträchtlich die Wahrscheinlichkeit, dass Ihnen ein guter Teil davon tatsächlich zustößt. Warum? Weil sie aufgrund dieser inneren Vorstellungen ganz unbewusst in allem, was ihnen widerfährt, die ersten Anzeichen der vorhergesehenen Katastrophen entdecken und entsprechend reagieren – mit Resignation oder Wut, mit Ärger oder Angriffen – und dies verstärkt den unglücklichen Kreislauf.

Innere Vorstellungen wirken auf uns wie Kommandos. So, als ob wir den Scheinwerfer unserer Aufmerksamkeit gezielt auf jegliches Unglück richten, das uns zustoßen könnte, und wir daher nichts anderes mehr registrieren. So ist es kaum verwunderlich, dass schließlich schmerzliche Ereignisse eintreten.

Nun, wenn unsere Programmierung offensichtlich so perfekt in die eine Richtung funktioniert, dann muss sie auch in die andere möglich sein. Können Sie sich vorstellen, wie anders Ihr Tag aussähe, wenn Sie sich morgens im Bett genüsslich ausmalen, wie Sie an diesem Tag viele interessante Leute treffen, erfreuliche Erlebnisse haben, sich die Zeit für einen kleinen Spaziergang nehmen und einen angenehmen Abend erleben?

Das Prinzip ist dasselbe: Sie richten mit diesen inneren Vorstellungen Ihre Aufmerksamkeit auf alle Anzeichen, die das Eintreffen eines dieser vorausgesehenen Ereignisse ankündigen könnten und reagieren entsprechend mit Neugierde oder Vorfreude, mit Gelassenheit oder Lust. Und das funktioniert genauso unbewusst wie in die andere Richtung.

sich einlassen

Wenn Sie nun immer noch glauben, »für das, was mir passiert, kann ich doch nichts, es geschieht einfach so«, dann sollten Sie vielleicht in Ihrem Geschichtentagebuch mit den folgenden Übungen fortfahren:

Sammeln Sie Beispiele …

… für unterschiedliche Formen, sich Realitäten zu erschaffen.

Beobachten sie Sportler während ihrer Vorbereitungsphase für den Wettkampf. (Das können Sie auch am Fernseher tun.) Schauen Sie sich beispielsweise einen Abfahrtsläufer an, wenn er am Start steht, wenn sein ganzer Körper in Bewegung ist, so als führe er jetzt schon durch die Tore. (Genau das macht er in der Tat gerade innerlich.) Und wenn er dann vielleicht in einem Interview erklärt, wie wichtig die mentale Vorbereitung sei, meint er das auch. Dasselbe können Sie mit jedem Sportler, gleich welcher Disziplin, machen. Ob im Einzel- oder im Mannschaftssport. Schreiben Sie Ihre Beobachtungen in Stichworten auf.

Befragen Sie Nachbarn, Freunde, Kollegen nach ihren inneren Vorstellungen. Sowohl jene, die vom Pech verfolgt scheinen, als auch die, die anscheinend meist vom Glück begleitet werden. Versuchen Sie dabei auch »hinter die Kulissen« zu schauen. Denn viele Menschen sind sich gar nicht bewusst, dass sie sich mit ihren inneren Vorstellungen gewissermaßen selbst programmieren.

Sammeln Sie wenigstens drei Beispiele. Drei für die Erfolgreichen, die »Glückskinder«, und drei für die »Pechvögel«. Notieren Sie Ihre Erfahrungen.

Probieren Sie eine Woche lang aus, wie es ist, ihre eigenen inneren Bilder oder Vorstellungen selbst zu gestalten. Jeden Morgen, noch vor dem Aufstehen, stellen Sie sich fünf bis zehn Minuten vor, was Ihnen alles passieren wird, das Ihnen Spaß oder Freude macht, und worüber Sie sich am Abend noch freuen werden oder worauf Sie stolz sein können. Schreiben Sie auch dies in kurzen Worten oder in längeren Geschichten in Ihr Tagebuch.

HINTERGRUND

Als Erwachsene wiederholen wir häufiger Erlebnisse, die wir selbst als Kinder gehört oder erfahren haben.

Manchmal wollen wir unter keinen Umständen wiederholen, was uns selbst widerfahren ist. Wir haben ein solch eindrucksvolles Bild von dem, was wir auf keinen Fall unseren Kindern antun wollen. Es ist so groß oder bunt oder deutlich, oder der Film vor unseren Augen ist so klar, dass wir geradewegs daraufzulaufen.

Erinnern Sie sich daran, wie das Unbewusste geprägt und gelenkt wird. Glauben Sie nur nicht, dass wir das einzig und allein mit unseren Kindern tun. Das Gleiche haben wir selbst in jungen Jahren erlebt. Und das ist eine echte Chance. Denn wer sollte ein Kind besser verstehen als jemand, der selbst einmal eines war.

Aus der Warte des Kindes

Kommen wir zurück auf die Liste Ihrer »Lieblingssätze« vom Anfang des Kapitels. Nehmen Sie sie jetzt noch einmal zur Hand und lesen Sie sorgfältig jeden einzelnen Satz.

Stellen Sie sich dann vor, Sie wären das Kind, das eben diesen Satz hört. Nehmen Sie ganz bewusst Ihre Gefühle wahr, die der jeweilige Satz erweckt. Spüren Sie nach, welche Bilder daraus entstehen, welche Impulse Ihnen Ihr Körper gibt.

Schreiben Sie – ganz aus der Position des Kindes – Ihre Wahrnehmungen in Ihr Tagebuch.

Lassen Sie dann, mit ihren neuen »Kindheitserfahrungen« einen neuen Satz entstehen, der besser gewesen wäre, und

sich einlassen

zwar für Sie in Ihrer Position als Kind. Vertrauen Sie darauf, dass Sie in dieser Situation auch alle Talente und Fähigkeiten eines Kindes haben: Spontanität, Spaß am Spielen, Spaß an Neuem usw.

Bearbeiten Sie auf diese Weise Ihre Top Ten. Schreiben Sie die Sätze in Ihrer neuen Sprache in Ihr Tagebuch. Und lassen Sie sich überraschen .

Zum Abschluss möchten wir Ihnen eine Geschichte erzählen, die Sie später Ihrem eigenen Kind bzw. Ihren eigenen Kindern erzählen können – und zwar so, wie sie hier abgedruckt ist, oder in einer völlig individuellen Variante, wie sie für Ihr Kind gut ist und passt. (Und wie das geht, wissen Sie ja nun …)

Geschichten sind überall ...

Besser werden
oder: Die Geschichte von Sabine

Möchtest du gerne etwas besser können? Vielleicht Elfmeterschießen oder die Rolle rückwärts? Mit dem Skateboard die tollsten Figuren hinlegen oder die 50 Meter in einer Traumzeit schwimmen oder … oder … oder?

Du meinst, das geht nicht? Oder du müsstest dafür zu viel trainieren? Und so gut, wie du möchtest, würdest du doch nie werden? Na gut. Hör dir erst einmal die Geschichte von Sabine an.

Sabine war damals, als ich sie zum ersten Mal traf, gerade 18 Jahre. Eine junge Frau: hübsch, groß und körperlich stark behindert. Und sie war ehrgeizig. Beim letzten Behinderten-Sportfest war sie die Distanz über 200 Meter gelaufen. Sie hatte dafür ungefähr dreieinhalb Minuten gebraucht, aber die hat sie gut durchgehalten. Das war während eines kleinen Sportfestes, bei dem nur die Schüler ihrer Schule teilnah-

34

men. Und da niemand außer ihr die Strecke über 200 Meter laufen wollte, hatte sie gewonnen. Alleine.

Jetzt aber war die Sache anders. Sie wollte mit ihrer Schule zu einem großen Sportfest fahren, wo Schüler aus dem ganzen Land dabei waren. Und wo es im Rennen über die 200 Meter sicher viele Konkurrentinnen geben würde. Sie wollte auf jeden Fall ihre gewohnte Strecke schneller rennen als in dreieinhalb Minuten. Du verstehst?

Also: Wir haben angefangen zu trainieren. Du meinst, wir wären ins nächste Stadion auf die Aschenbahn gegangen? Nein, nein! Sabine hat es sich in einem großen Sessel ganz bequem gemacht, hat die Augen geschlossen und sich eine wunderschöne Trainingsbahn von 200 Metern vorgestellt: Am Waldrand, im Schatten, ein Sandweg mit einer großen Kurve. Genau das Wetter, das sie gerne hatte. Nicht zu heiß und nicht zu kalt. Und dann hat sie beobachtet, wie dort auf der imaginären 200-Meter-Bahn Sabine auftaucht, sich die Rennschuhe anzieht, ihren Startblock vorbereitet, sich warm macht. Und die Sabine, die gemütlich im Sessel saß, hat immer nur auf eines geschaut: Was könnte diese Sabine, die sie sich vorstellte, dort bei ihrem Training besser machen? Und sobald sie etwas entdeckte, haben wir es eingebaut.

So ging das Stufe um Stufe: der Start, das Mittelstück, der Schluss-Sprint, die Körperhaltung, die Arm- und Beinbewegungen, die Atmung, die Tempoveränderungen, die Taktik, das Beobachten der Konkurrentinnen usw. Jedesmal: Was könnte sie verbessern?

Dann hat sie das Neue eingebaut und getestet. Als Sabine mit allem zufrieden war, kam der große Moment: Sie schlüpfte jetzt selbst in diese Sabine hinein, die sie sich vorgestellt hatte, die so viel ausprobiert, verändert, ausprobiert, verändert hatte … Und sie lief in ihrer Fantasie so gut wie nie zuvor. Das alles hatte – im bequemen Sessel und Augen zu – insgesamt etwa eine Stunde gedauert. Und da das große Sportfest schon sehr nahe war, hatte Sabine zu Hause nur noch ein- oder zweimal die Möglichkeit, auf diese Weise zu trainieren.

Aber dann beim Sportfest selbst, auf der 200-Meter-Bahn mit den Konkurrentinnen, da hat sie ihre Zeit um mehr als eine Minute verbessert.

Wenn du möchtest, kannst du das selbst ausprobieren. Für das Skaten, das Elfmeterschießen, das Schwimmen. Oder für das, was du gerade besser können willst.

Geschichten sind überall ...

Das Haus

Es steht da wie selbstverständlich. Den Menschen auf der Straße zeigt es seine Fachwerkfassade: die natürliche Verbindung von Zweckmäßigkeit und Schönheit. Jahrzehnte, vielleicht Jahrhunderte hat es da gestanden und Fußgänger und Ochsenwagen, Kühe und Radfahrer, Traktoren und Autos vorbeiziehen lassen. In seinen Mauern hat es Glück beherbergt und Trauer, Geburten und Tod, Hochzeiten, Taufen und Geburtstage.

Immer wieder haben Menschen es betreten und andere es verlassen. Und jeder hat etwas bekommen von diesem Haus. Ruhe vielleicht oder einen Platz zum Arbeiten, ein Zimmer zum Schlafen oder zum Spielen. Das Haus hat Geborgenheit gegeben, selbstverständlich ohne etwas dafür zu fordern. Und doch hat es alles behalten, was seinen Charakter ausmacht.

Inzwischen hat der letzte Mensch das Haus schon lange verlassen. Das Fachwerk und der Putz sind verwittert, die Fensterscheiben fehlen und ein großer Efeu breitet sich

wie ein Fächer über die Fassade aus. Die Fenster im Hochparterre sind schon fast zugewuchert. Das Haus steht da, immer noch schön, ein bisschen wie verwunschen jetzt. Und es wartet.

Und vielleicht, ganz insgeheim, träumt es unseren Traum beim Warten. Und hört wieder das Lachen und Schreien von Kindern oder das Singen von Männer- und Frauenstimmen. Es riecht den Duft von Sauerbraten mit Klößen oder von Weihnachtsplätzchen. Spürt, wie es sich anfühlt, wenn weiße Vorhänge im Wind aus den Fenstern wehen, wenn der Hausflur geschrubbt oder um das Haus herum gekehrt wird. Und: Wenn das Feuer wieder brennt. Wenn wieder Menschen da sind, die seine Geschenke annehmen und dafür das Leben zurückbringen.

Können Träume nicht manchmal wahr werden?

2

Die Wirkung von Geschichten

Stark und flink wie ein Pferd

Auf der Suche nach einem Geschenk für eine Freundin ging
ich vor einiger Zeit in einen Laden für indianische Kultur.
Ich hatte noch keine rechte Vorstellung, was ich ihr schenken wollte, es sollte in jedem Fall etwas Indianisches sein.
Schon als Kind hatte sie eine große Faszination für diese
Kultur entwickelt. Sie hatte unzählige Bücher gelesen und
vielerorts die Begegnung mit Menschen indianischer Ab-
stammung gesucht. Sie hatte Länder bereist, in denen Indianer beheimatet waren. Und so kam im Laufe der Jahre nicht
nur viel Wissen, sondern auch eine beträchtliche Sammlung
unterschiedlichster Gegenstände zusammen. Ich war sicher,
in diesem Laden etwas zu finden, das ihren Fundus bereichern würde.

Ich kam mit dem Geschäftsinhaber ins Gespräch. Er war der
Abkömmling eines nordamerikanischen Indianerstammes.
Zwar lebte er seit vielen Jahren in Europa, aber er sah beein-
druckend »indianisch« aus. Sein langes, schwarzes Haar,
trug er zu einem Zopf geflochten. Ferner wirkten seine Kleidung und seine Haltung so authentisch, dass ich mich nicht
gewundert hätte, wäre plötzlich ein Filmregisseur samt Team
aufgetaucht.

Der Mann zeigte mir verschiedene Gegenstände und erklärte
ihren ursprünglichen Zweck. Ob Traumfänger oder Medizinrad, jedes Ding hatte nicht nur seine besondere Bedeutung,
sondern barg darüber hinaus eine eigene Geschichte. Ich bat
den indianischen Ladenbesitzer, mir mehr über die Art dieser
Geschichten zu erzählen.

Da lächelte er nur und sagte: »Eine Geschichte ist wie ein
starkes Pferd. Wenn der Mensch mit dem Pferd umzugehen
versteht, ist es bereit, ihn dorthin zu bringen, wo er hin-
kommen will. Und doch hat das Pferd immer seinen freien
Geist behalten. Es ist stark und voller Energie. Wenn der

Mensch ihm vertraut und sich mit ihm auf die Reise begibt, schenkt ihm das Pferd vier Beine anstelle von zweien.«

Ich hatte an diesem Tag nicht nur eine alte indianische Trommel für meine Freundin erstanden, sondern nahm auch diese Metapher als persönliches Geschenk mit nach Hause.

HINTERGRUND
Geschichten oder Metaphern können, wie im vorhergehenden Beispiel beschrieben, über ihre Symbolhaltigkeit hinaus weitere, völlig erstaunliche Wirkungen zeigen.

Sicher kennen Sie eine dieser Situationen. Sie sehen einen spannenden Film oder gehen einem Hobby nach. Dabei bündeln Sie ganz automatisch Ihre Konzentration zu hundert Prozent auf die jeweilige Aktivität. Oder Sie lesen ein fesselndes Buch oder hören entspannt Ihre Lieblingsmusik. In dieser Zeit haben Sie Ihre Aufmerksamkeit nicht nach außen, sondern nach innen gerichtet. Sie entfernen sich ein Stück aus Ihrer Alltagswelt.

In solch einer Phase werden innere Prozesse verstärkt. Vor allem sind innere Bilder stärker, vielfach auch klarer. Und angenehme Gefühle, die mit dieser nach innen gerichteten Aktivität gekoppelt sind, werden intensiver. Mitunter tauchen Assoziationen zu anderen Themen auf, die scheinbar nichts mit dem zu tun haben, was Sie gerade machen. Während dieser Zeit ist Ihr Unbewusstes aktiv.

Genau diese Fähigkeit zur Konzentration, zur Fokussierung auf Ihre Innenwelt haben auch Sie bereits in Ihrer Kindheit besessen. Vielleicht sogar ein bisschen stärker, als dies gegenwärtig der Fall ist.

Beobachten Sie einmal Ihr eigenes Kind, während es intensiv spielt oder wie es zuhört, wenn ihm jemand ein Buch vorliest. Wie sieht es aus? Versunken, entrückt, konzentriert, aufmerksam? Haben Sie manchmal den Eindruck, als sei es in einer anderen Welt? Es ist in einer anderen Welt. Denn Kinder können sich weit intensiver in ihre Fantasiereiche hineinleben als die meisten Menschen im Erwachsenenalter.

Geschichten haben vielfältige Qualitäten: Sie transportieren nicht nur einen bestimmten Inhalt. Sie fordern auch in einer mehr oder weniger subtilen Art und Weise auf, sich einzulassen, sich in die andere, die Erzählwelt zu begeben. Sie laden ein, sich auszumalen, eine andere Figur aus der Geschichte selbst zu sein.

Die Erfahrungen, die ein Kind sammelt, wenn es in die Person aus der Geschichte hineinschlüpft, werden nicht von den Erfahrungen im realen Leben unterschieden oder getrennt. Gibt es im Märchen oder in der Erzählung etwa einen Helden, der gegen Ende der Erzählung ein bestimmtes Problem löst, wird der Weg dahin als eigene Leistung empfunden und entsprechend gespeichert.

Dies ist im Übrigen ein Grund, weshalb viele Kinder ihr Lieblingsbuch immer wieder vorgelesen haben wollen. Sie führen damit einen gewissen Trainingseffekt herbei. Das heißt: Die Bewältigung des Problems wird eingeübt wie das Schlagen eines Purzelbaums oder das Zubinden der Schnürsenkel.

Die Lösungsstruktur wird unbewusst und ganzheitlich erfasst und ist damit letztlich auf andere Problemsituationen übertragbar.

Ein Beispiel:
Sie wollen Ihrem Kind eine Geschichte erzählen, die ihm hilft seine Angst zu überwinden. Nun gibt es verschiedene Voraussetzungen, die Sie berücksichtigen müssen, damit Ihre Worte ganz speziell für Ihr Kind wirken:

Sie sollten zu allererst verstanden haben, wann, wo, wie oft Ihr Kind Angst hat und wie sich dies zeigt oder auch auswirkt.

Die sicherste Methode, das zu überprüfen, ist, Ihrem Kind mit seinen eigenen Worten und in seiner Wirklichkeit zu beschreiben, wie Sie seine Situation empfunden haben. Wenn Sie Zustimmung finden, haben Sie auf jeden Fall bereits erreicht, dass das Kind sich von Ihnen verstanden fühlt – und schon das erleichtert und entspannt.

Sie können sich für Ihre Geschichte an einen einfachen Aufbau halten. Vielleicht entdecken Sie dabei, wieviele Märchen und Geschichten diesem folgen:

1 Der erste Teil der Geschichte beschreibt den Ausgangspunkt und die Problemstellung. In unserem Fall hier: die Angst Ihres Kindes.

2 Die zweite Phase fügt jetzt etwas neues hinzu. Der Held oder die Heldin gerät in Gefahren, die zu bestehen sind. Die Hauptfigur bekommt Aufgaben, die sie lösen muss. Helfer tauchen auf, ein Schatz wird gefunden.

3 All das hilft den Helden, um in der dritten Phase der Geschichte das Ziel zu erreichen – und sich darüber zu freuen, ein Fest zu feiern oder zu neuen Abenteuern aufzubrechen.

Jetzt könnten Sie eigentlich anfangen zu erzählen: »Es war einmal ein kleiner Junge/ein kleines Mädchen, der/das hatte ganz furchtbare Angst …«.

Aber noch einen Moment! Finden Sie nicht, dass dieser Einstieg ein bisschen zu unvermittelt wäre? Die Absicht ist sofort spürbar und verstimmt die kleinen Zuhörer. Solange Sie sich noch nicht sicher sind, wie Ihr Kind solche direkten Geschichten aufnimmt, sollten Sie Ihre Gedanken etwas »verkleiden«. Sie brauchen ja nur die Situation der Angst, die Ihr Kind beunruhigt, übersetzen in die Welt der Tiere, der Pflanzen, der Indianer oder der Märchen.

Wir möchten Ihnen an einem Beispiel zeigen, wie (einfach) das geht.

Eine Geschichte gegen die Angst

Die Geschichte vom Adler, der glaubte, er könne nicht fliegen

Es war einmal ein junger Adler. Der war – ich weiß nicht warum – zu der felsenfesten Gewissheit (Überzeugung) gelangt: »Ich kann nicht fliegen lernen. Niemals.«

Er saß im Adlernest hoch oben an einer steilen Felswand, geschützt von den Ästen und Zweigen, die den Nestrand bildeten. Er ließ sich von seinen Eltern füttern und fühlte sich sicher und geborgen dabei. Die Wolken sah er vorbeiziehen und erlebte den täglichen Wechsel von Licht und Dunkelheit. Er wärmte sich am Tag in den Strahlen der Sonne und sah nachts das Funkeln der Sterne und das Leuchten des Mondes. Und wenn es einmal regnete, war immer einer der großen Adler da, um ihn mit seinem Gefieder zu schützen.

Manchmal sah er in der Ferne andere junge Adler bei ihren ersten Flugversuchen oder seine Eltern ganz hoch oben am Himmel mit ausgebreiteten Schwingen ruhig kreisen – und das gab ihm schon jedesmal einen Stich ins Herz. Er spürte eine Spur von Leid und Traurigkeit – aber er war sich trotzdem ganz sicher: Das würde er nie lernen können.

Manchmal, wenn er ein bisschen den Nestrand hochkletterte und es riskierte, nach unten zu schauen, wurde ihm regelmäßig schlecht und er hüpfte schnell wieder zurück in die Sicherheit des Nestes. Einmal traute er sich sogar bis an den Rand des Felsvorsprungs, auf dem das Adlernest lag, und konnte ganz unten den Fluss sehen, der am Fuß des Berges vorbeifloss. Aber wie er so in die Tiefe schaute, hatte er sofort das Bild vor Augen, wie er völlig zerschmettert dort unten lag, und ihm wurde so schwindlig, dass er nur mit Mühe wieder ins Nest hineinfand. Und so begann er allmählich sich mit seinem Schicksal abzufinden.

Nur: Es wurde auch allmählich eng im Nest. Seine Federn und seine Flügel wuchsen, sein ganzer Körper wurde immer größer und stärker und um ein wenig mehr Platz zu haben, saß er immer öfter oben auf dem Nestrand und duckte sich nur nach unten, sobald der Wind zu stark blies oder einer der großen Adler zur Landung ansetzte.

Die Eltern hatten sich allerlei ausgedacht, um den jungen Adler endlich zum Fliegen zu bringen – aber jetzt fiel Ihnen einfach nichts mehr ein.

Da war es ein Glück für den jungen Adler, dass er einen Freund hatte, auch wenn er es bis dahin nicht wusste. Es war der Wind, der den Adlern immer schon half. Der Wind hatte lange mitangesehen, wie der kleine Adler Tag um Tag gewachsen war und doch nicht fliegen wollte. Er hatte ihm auch immer mal wieder einen kleinen Schubs gegeben, weil er ja wusste, dass diese wunderbaren Vögel fliegen lernen können. Aber Klein-Adler hatte nichts davon gemerkt.

Eines Tages nun entschloss sich der Wind, etwas anderes zu tun. Er stieg ganz hoch hinauf über die Felswand mit dem Adlerhorst und kam dann mit atemberaubender Geschwindigkeit die Steilwand heruntergerast. Und er blies das halbe Adlernest mitsamt dem jungen Vogel einfach in die Luft. Den Schreck, den der kleine Adler bekam, kannst du dir vorstellen. Er zappelte ganz verzweifelt inmitten der Zweige des Nestes, die um ihn herumflogen und dachte, sein Ende sei gekommen. Und – eigentlich mehr aus Zufall – breitete er dabei seine Flügel aus – und flog. Eine ganze Weile war er starr vor Schreck und dann vor Staunen. Er flog und brauchte es gar nicht zu lernen. Er flog, weil das Fliegen zu ihm gehört, wie das Schwimmen zum Fisch.

Als ihm das nach und nach klar wurde, spürte er anfangs ganz zaghaft, aber mit der Zeit immer stärker, eine ungeheure Erleichterung, dann eine große Freude und schließlich wurde er richtig neugierig. Was konnte er alles anfangen mit

seiner neu entdeckten Fähigkeit? Und er begann ganz
vorsichtig, ein wenig zu probieren: Er veränderte nur ein
bisschen die Stellung seiner Schwungfedern und schon
flog er in großen Kreisen. Mal rechts herum, mal links herum. Er ließ sich vom Wind höher und höher tragen und –
mutiger geworden – sauste er im Sturzflug wieder nach
unten. Dann sah er in der Ferne andere junge Adler in den
Wolken kreisen und flog zu ihnen hin, um mit ihnen zu
spielen. Und als er schließlich erschöpft und glücklich wieder
in dem halb zerstörten Nest landete, hatte sich seine Welt
vollkommen verändert …

Wie sich die Welt des kleinen Adlers verändert hatte, können
Sie nun selbst hinzufügen. Wenn Ihr Kind beispielsweise
öfter nachts aufwacht, können Sie ergänzen, dass …

… der Adler tagsüber fröhlich mit seinen Freunden spielte
oder die Umgebung erkundete und abends ganz müde in
sein Nest zurückkehrte. Dann schlief er tief und fest und
träumte schon von all den schönen Sachen, die er am nächsten Tag unternehmen wollte.

3

Die Struktur wirkungsvoller Geschichten

Vom Tagwerk des Teppichwebers

Es ist faszinierend zuzusehen, wie die Teppichweber in rhythmischen Bewegungsabläufen fantasievolle Muster zu einem harmonischen Ganzen zusammenfügen – Millimeter für Millimeter. Doch bevor sie mit dieser eigentlichen Arbeit beginnen können, müssen sie gründliche Vorbereitungen treffen.

Zunächst prüft der Weber sorgsam die Funktionsfähigkeit seines Webstuhles und nimmt eventuell Reparaturen vor. Danach spannt er in regelmäßigen Abständen die Kettfäden, die dem neuen Kunstwerk Basis und Halt geben werden – wenngleich es in diesem Moment noch ausschließlich in seinen Gedanken besteht. Doch er weiß, dass seine Ideenwelt die Grundlage bildet, um das farbenfrohe Gedankengebilde Wirklichkeit werden zu lassen.

Die Muster der Teppiche sind seit Jahrhunderten in der Kultur des Webers überliefert. Und die Bedeutung der einzelnen Ornamente ist festgelegt – wie die der Buchstaben des Alphabets. Die Abfolge und Zusammensetzung der bildhaften Schrift sind jedoch ebenso traditionell dem Künstler selbst überlassen. Die bekannten Muster kann er nach seiner eigenen Intuition und Intention frei zusammenfügen, um damit ein neues Gesamtbild zu weben und neue Geschichten zu kreieren.

Von Anfang an weiß der Künstler, dass sein Teppich einmal weit mehr als eine praktische Funktion erfüllen wird, denn er bereichert das Leben in einem Haus. Und die künftigen Besitzer seines Werkstückes werden sich nicht nur an den Farben der Muster erfreuen, sie werden die Formen und Kombinationen auch interpretieren und lesen können.

Vielleicht wird er heute beginnen eine neue Geschichte zu weben; eine Geschichte von der er weiß, dass sie ihre

Wirkung erst in der Zukunft entfalten wird. Vielleicht ist es gerade diese Vorstellung, die den Weber während seiner Arbeit begleitet und ihn mit zunehmender Übung flinker und geschickter werden lässt, zufrieden mit seiner Aufgabe.

Und vielleicht wird dieser Teppich, mit dem er nun anfängt, sogar ein fliegender Teppich, auf dem sich neue Abenteuer erleben lassen, der neue Erfahrungen bringt und das Leben überraschend bereichert … Wer weiß?

HINTERGRUND Stellen Sie sich vor, Sie wären der Mensch, der am Webstuhl sitzt. Sie hätten bereits die Farben der Wolle für den Teppich ausgewählt und die Kettfäden gespannt. Als Nächstes würden Sie wahrscheinlich das Muster auswählen, nach dem Sie Ihren Teppich Stück für Stück zu einem harmonischen Ganzen zusammenfügen. Je nachdem, welchem Zweck der Teppich dienen soll.

Als ein mögliches Muster möchten wir Ihnen ein Modell vorstellen, das als Struktur für das Geschichtenerfinden dienen kann.

Das Modell der »logischen Ebenen«, das Robert Dilts und Gundl Kutschera nach den Forschungsergebnissen von Gregory Bateson weiterentwickelt haben, war ursprünglich im Zusammenhang mit der Erforschung von Lernprozessen entstanden. Doch haben wir im Laufe unserer Arbeit mit Geschichten und Metaphern entdeckt, dass die logischen Ebenen nicht allein für das Verständnis und die Verbesserung von Lernprozessen sinnvoll sind, sondern auch als Struktur gebendes Modell für heilende Geschichten dienen können.

Egal wie kurz oder lang ein Roman, ein Märchen oder eine Erzählung sein mögen, alle folgen in ihrer Struktur für gewöhnlich einem simplen Muster:

Wer tut etwas wie, warum, wann und wo?

Es ist genauso einfach, wie es klingt. Wenn Sie dieser Struktur beim Aufbau Ihrer Geschichten Beachtung schenken, können Sie gewiss sein, Ihren »Koffer für die Reise auf dem fliegenden Teppich« gut gepackt zu haben. Lassen Sie uns dieses System genauer betrachten:

Wann/Wo? Das Umfeld

Das Umfeld der Geschichte beschreibt, wann und wo etwas passiert. Es klärt auf über den Zusammenhang, den Lebenskontext, in den die Hauptperson der Handlung eingebettet ist. Das Umfeld gibt Auskunft darüber, was die Person außerhalb von sich selbst wahrnimmt, auf was sie reagiert oder aktiv Einfluss nimmt. Hieraus resultiert die nächste Ebene: die Ebene des Verhaltens.

Was? Das Verhalten

Die Beschreibung des Verhaltens erklärt das Tun oder die Reaktionen der Person auf andere Menschen oder Ereignisse. Das Verhalten steht in enger Verbindung mit dem Umfeld oder der Umwelt, in die eine Figur oder eine Rolle in einer Geschichte eingebettet sind.

Wie? Die Fähigkeiten

Die Fähigkeiten geben konkretere Auskünfte über die Art und Weise, wie sich jemand verhält und welche konkreten körperlichen und geistigen Eigenschaften er besitzt. Diese Ebene beschreibt auch, welche Schritte zu diesem Verhalten führen.

Warum?   Glaubenssätze und Werte

Warum jemand etwas ganz Bestimmtes tut, richtet sich häufig danach, wofür er etwas tut. Die Frage, wozu ein bestimmtes Verhalten dienlich sein soll, wird meist auf dieser Ebene beantwortet. Was jemand von sich, von anderen und der Welt denkt, ist als treibende Kraft hinter seinem Verhalten, seinem Umfeld und seinen Fähigkeiten zu verstehen.

Eng verbunden mit dem, was jemand glaubt, was seine Überzeugungen ausmacht, ist die Ebene der Werte. Was hinter einem Verhalten, den damit verbundenen Fähigkeiten steckt, wird auf der Ebene der Werte deutlich. Ein Beispiel: Jemand, dem ein harmonisches Familienleben viel bedeutet, wird anders handeln als jemand, dem beruflicher Erfolg und eine steile Karriere das Wichtigste sind.

Wer?   Die Identität

Aus der Identität der Hauptfigur einer Geschichte resultieren alle vorher genannten Ebenen. Hierin verschmelzen die vorherigen Hierarchien zu einem Ganzen, werden zu einem mit Leben gefüllten, facettenreichen Individuum. Mit der alles umfassenden Identität der Figur sind zudem alle Gefühle und Handlungen verbunden, mit denen das einzelne Individuum in größeren Zusammenhängen steht.

Auf dieser Ebene werden Sinnfragen gestellt oder geklärt und Verbindungen zu dem hergestellt, was dem Einzelnen Kraft gibt. Wir bevorzugen den Begriff »Quelle« in diesem

Kontext, weil diese Metapher am ehesten beschreibt, wie ich mit dem verbunden bin, das mir den Mut gibt zu leben; wo ich »auftanke«, wenn ich nicht mehr kann; wo ich Rat und Hilfe finde, wenn ich nicht mehr weiter weiß; wo ich neue Ideen finde; wo ich mit allem in Verbindung bin.

Der Zugang zu dieser Quelle ist bei jedem Menschen hin und wieder verschüttet. Und vielleicht können Sie sich bereits denken, dass es eine wichtige Aufgabe und Fähigkeit von Geschichten ist, eine Blockade wegzuräumen.

Genug der Theorie. Das Modell der logischen Ebenen lässt sich sehr gut am Beispiel unserer Geschichte »Vom Adler, der glaubte, er könne nicht fliegen« verdeutlichen.

Umfeld

✗ Zu Beginn der Geschichte
Der Adler lebt in der Natur gemeinsam mit seinen Eltern, weiter entfernt sind gleichaltrige Adler, die bereits fliegen können. Er hat den Wind zum Freund.

✗ Am Ende der Geschichte
Er lebt nach wie vor in der Natur, die Eltern haben, bedingt durch das Wachstum des jungen Adlers, eine weniger zentrale Bedeutung; das Umfeld ist durch den Erwerb neuer Fähigkeiten erweitert worden.

Verhalten

✗ Zu Beginn der Geschichte
Der Adler ist ängstlich, zurückhaltend, er traut sich selbst wenig zu.

✗ Am Ende der Geschichte
Nach dem förmlichen Anstoß des Windes ändert sich auch sein Verhalten. Er wird neugierig, will Neues entdecken und hat Freude an seinem sich erweiternden Umfeld.

Fähigkeiten

✗ Zu Beginn der Geschichte

Er beweist große Fantasie, indem er sich zum Beispiel ausmalt, wie es wäre, würde er unten in der Tiefe völlig zerschmettert da liegen. Er zeigt die Fähigkeit Kompromisse zu schließen und sich mit seinem vermeintlichen Schicksal – nämlich nicht fliegen zu können – abzufinden.

✗ Am Ende der Geschichte

Er hat an Flexibilität gewonnen und zeigt schnelle Reaktionen, indem er – durch den Anstoß des Windes – rasch seine Flügel ausbreitet und das Fliegen ausprobiert. Er hat keine Scheu, durch seine neu hinzugewonnene Flugfähigkeit andere Gleichgesinnte kennen zu lernen, mit ihnen zu spielen und daran Vergnügen zu finden. Er ist fähig, eine gesunde Neugierde auszuleben.

Glaubenssätze und Werte

✗ Zu Beginn der Geschichte

Er glaubt von sich selbst, nicht fliegen zu können! Er glaubt, unfähig zu sein Neues hinzuzulernen. Die Sicherheit seines Nestes ist ihm wichtiger als alles andere.

✗ Am Ende der Geschichte

»Ich kann fliegen!«, lautet sein neuer Leitsatz. Und: »Ich kann sogar ausprobieren links herum, rechts herum, höher oder niedriger zu fliegen.« Er hat gelernt, dass er seinen bisherigen Wert »Sicherheit« behalten und dennoch Mut, Risikofreude und Spieltrieb dazugewinnen kann.

Identität/Quelle

✗ Zu Beginn der Geschichte war der Adler kein Adler.

✗ Am Ende hatte er »sein« Element gefunden, den »Sinn«
seines Lebens als Adler.

Jetzt konnte er auf ganz neue Weise »in Verbindung sein« mit seinen neu entdeckten Fähigkeiten wie auch mit allem um ihn herum.

Mit zunehmender Entwicklung spürt der Adler mehr und mehr seine Verbindung zur Natur und zu den ihn umgebenden Wesen und Kräften. Im wahrsten Sinne des Wortes hat er gelernt, sich getragen zu fühlen, eigene Kraft durch zunehmende Spielfreude und der Erweiterung seines Horizontes aufzutanken.

sich einlassen

Vielleicht möchten Sie nun ausprobieren, das Gerüst für eine neue Geschichte selbst aufzubauen?

Schreiben Sie zunächst auf, was sie ihrem Kind vermitteln möchten. Sicher wünschen Sie auch, dass es etwas besser oder leichter können soll. Nehmen Sie zur Vereinfachung die logischen Ebenen als kreativen, roten Faden durch ihre Gedanken und Wünsche. Wie ist die Situation jetzt? Wie soll sie hinterher sein?

Haben Sie alles aufgeschrieben?

Gut.

Vergessen Sie nun bitte alles, was Sie aufgeschrieben haben und legen Sie Ihre Notizen zur Seite.

Wir möchten Sie nun einladen, sich zu entspannen, sich zurückzulehnen, es sich bequem zu machen … für eine Gedankenreise.

Erinnerst du dich, …

… was du in deinem Leben schon alles gelernt hast? Vielleicht Rad fahren oder schwimmen? Malnehmen oder teilen? Gehen und sprechen? Eine Waschmaschine bedienen oder einen Videorecorder? Englisch, Spanisch, Französisch? Oder sägen, nähen, kochen, malen, schreiben, klettern, segeln, küssen, schimpfen, lieben?

Und jetzt mach es dir noch ein bisschen bequemer und nimm zehn tiefe Atemzüge und erinnere dich an das, was du gelernt hast. Du kannst einen Punkt aus der Aufzählung von oben nehmen oder eben einen völlig anderen. Und dann betrachte diese Erfahrung von allen Seiten:

Du kannst vom dem Platz aus, an dem du jetzt bist, deinem jüngeren Ich zuschauen, wie es dabei ist, das zu lernen, woran du dich eben erinnert hast. Du kannst auch in der Zeit zurückgehen und so tun, als wärst du dieses jüngere Ich, das gerade etwas Neues lernt. Du kannst auch in die Person deiner Mutter oder deines Vater oder auch die eines Freundes schlüpfen und zusehen, wie du das Neue lernst. Und je nachdem, welche Perspektive du ausprobierst, wirst du andere Informationen bekommen. Sammle so viele davon, wie du nur kannst.

Also, jetzt geht es los: Mach die Augen zu, nimm zehn Atemzüge und lass dich überraschen, was dir alles einfällt ...

... Gut. Du bist wieder in der Realität. Vielleicht willst du dir ein paar Sätze aufschreiben über diese Lern-Erfahrung, die du gerade erforscht hast? Dann tu es. Und dann mach dasselbe noch einmal: Nimm zehn tiefe Atemzüge und suche dir eine ganz andere Situation aus, in der du etwas Neues gelernt hast. Und erlebe sie wieder von allen möglichen Standpunkten aus. Jetzt ...

... Und nun, wo du wieder zurück bist von deiner Reise in deine eigene Vergangenheit – was hast du festgestellt? Hast du auf die gleiche Art und Weise gelernt wie beim ersten Mal oder ganz anders? Beginnst du schon, ein Muster zu entdecken, wie du lernst?

Und weil, wie du weißt, aller guten Dinge drei sind (von wem hast du diesen Spruch gelernt?), mach noch einmal die Augen zu, nimm zehn tiefe Atemzüge und erinnere dich an eine dritte Gelegenheit, bei der du etwas Neues gelernt hast. Jetzt ...

Sobald du zurück bist von deiner dritten Reise, überdenke abschließend deine Erfahrungen: Was hast du herausgefunden über die Art und Weise, wie du lernst? Hast du gemerkt, mit wie vielen Gefühlen das Lernen verbunden ist? Vielleicht hat dir am besten die Aufregung und Neugierde gefallen, das Kribbeln im Bauch, bevor du dich daran machst, etwas

Neues auszuprobieren? Oder die Erregung und Spannung, die Ungewissheit, während du deine ersten Schritte ins Neue tust? Oder die Befriedigung, die Freude, der Stolz, wenn du es geschafft hast?

Wie auch immer – du hast drei Beispiele aus der langen Kette deiner Lern-Erfahrungen erforscht. Mit dem sicheren Gefühl, »Das kann ich auch!«, kannst du das Geschichtenerfinden und -erzählen lernen.

Probieren Sie es einfach gleich aus. Holen Sie sich Ihre Notizen wieder her, die Sie vor Ihrer Reise in die Vergangenheit gemacht haben und lassen Sie sich dazu eine Geschichte einfallen. Ganz in Ruhe.

Schreiben Sie diese in Ihr Geschichtentagebuch.

Wenn Sie wollen, können Sie hinterher nachschauen, wie die logischen Ebenen in Ihrer Geschichte auftauchen und was sich auf den verschiedenen Ebenen verändert.

Geschichten sind überall …

Es war einmal eine Quelle, …

… die hatte sich verirrt, denn eines Tages hatte sie tief unter der Erde vor lauter Entdeckerlust eine andere Abzweigung ausprobiert. Durch diesen neuen Weg war sie jedoch immer weiter von ihrem eigenen Weg weggeflossen. Man kann nicht behaupten, dass es dort, wo sie wieder an die Oberfläche kam, langweilig gewesen wäre. Es gab genügend zu tun, lebten doch in der weiten Sumpflandschaft viele Pflanzen und Tiere, die alle auf ihr Wasser angewiesen waren. Zum Trinken, zum Wachsen, zum Spielen, zum Sichverstecken. Und selbst die Menschen benutzten die Sümpfe, um Reis anzubauen.

Aber irgendwann bemerkte die Quelle: Dieses Leben war nicht das, was sie wollte. Hier stand sie, dabei hatte sie so viel Spaß daran zu fließen! Und so ließ sie alles, was sie dort

bewirkt hatte, hinter sich und suchte sich einen neuen Weg unter der Erde. Dort, wo sie nun an die Oberfläche kam, war es heiß, hell und trocken. Und da sie eine ehrgeizige Quelle war, wollte sie sich beweisen, was sie konnte. Sie floss und sprudelte aus Leibeskräften und wirklich: Innerhalb kürzester Zeit wuchsen Blumen um sie herum, kamen Tiere zum Trinken und Reisende erfrischten sich an ihrem Wasser. Nur: Es reichte nicht sehr weit. Nach ein paar Metern wurde sie von der Wüste verschluckt – sie konnte sich anstrengen, wie sie wollte. Die dauernde Anstrengung blieb letztlich nicht ohne Folgen. Sie floss immer spärlicher und es wurde immer anstrengender, den Fluss aufrechtzuerhalten.

Eines Tages hatte die große Mutter Regen ein Einsehen und zog da, wo das Einzugsgebiet der Quelle lag, einen mächtigen Berg dicker, schwarzer Wolken zusammen. Drei Tage und drei Nächte ließ sie es ununterbrochen regnen und regnen und regnen …

Plötzlich rauschte das Wasser wieder im Überfluss. Die Quelle hatte genügend Kraft, alle unterirdischen Ritzen und Höhlen und Spalten auszufüllen und fand daher mühelos ihren alten Weg, der sich sofort angenehm vertraut anfühlte. Wo sie bei jeder Ecke und jeder Steigung oder jedem Gefälle die Empfindung wiedererkannte und dann erst recht das Gefühl, durch das Brunnenrohr ins Freie zu schießen und plätschernd in der Brunnenschale zu landen. Dort auszuruhen, Kräfte zu sammeln und schließlich ihren eigenen Weg weiterzufließen.

Wenn sie zurückdachte an ihre Abenteuer: Sie bedauerte kein einziges davon. Sie wusste, sie hatte auch dort Spuren hinterlassen. Aber jetzt – das war etwas anderes – jetzt war sie das, wofür sie bestimmt war. Und das war gut so.

4

Die verschiedenen Wahrnehmungs-Positionen

In den Mokassins des Kindes gehen

»Um jemand wirklich verstehen zu können, musst du mindestens tausend Meilen in seinen Schuhen gegangen sein.« So hätte vielleicht eine Indianerin auf die Frage geantwortet, wie Erwachsene das ihnen unverständliche Verhalten eines Kindes enträtseln können. Auch eine Kommunikationstrainerin oder ein Trainer hätten – in unseren Tagen und in unseren Breiten – wohl ganz ähnliche Worte gefunden.

Vielleicht hätte die Indianerin hinzugefügt: »Wenn du dein Kind verstehen willst, dann denke, es sei der Wind. Den Wind kannst du nicht sehen, nur seine Auswirkungen. Den Wind kannst du zwar hören, aber nicht immer wissen, aus welcher Richtung er kommt und höchstens vermuten, wohin er ziehen wird. Wenn du den Wind wirklich verstehen willst, musst du ihn fühlen. Wenn du ihn auf deiner Haut und in deinen Haaren fühlst, wenn du spürst, wie er dir um die Beine weht und vielleicht deinen Hut oder Federschmuck auf Reisen schickt, hast du einen ersten Schritt zum Verständnis gemacht.«

»Aber bedenke, dass dies gerade der erste Schritt ist. Wirklich verstehen kannst du den Wind nur, wenn du dir vorstellst, du seist er selbst. Wenn du seine Kraft und Energie in deinem Körper fühlst, seine Gedanken und Gefühle so spürst, als wärst du der Lufthauch, der durch die Baumwipfel fegt und die welken Blätter von den Ästen pustet. So als wärst du selbst der, der mit der Natur spielt, neugierig die entlegensten Ecken und Winkel auskundschaftet und manchmal mit all seinem Temperament das Unterste zuoberst kehrt und umgekehrt. Erst wenn du tief in deinem Innern empfindest, dass du er bist, wirst du zum Kern seines Wesens vordringen und verstehen, was ihn antreibt.«

HINTERGRUND

Die Position, aus der wir bestimmte Dinge wahrnehmen, entscheidet in der Tat darüber, was wir über das Verhalten eines Menschen und dessen Absichten denken und wie wir die Motive für ein Verhalten interpretieren. Halten wir uns die gegenwärtigen Ereignisse vor Augen, so bestimmt unser jeweiliger Standpunkt unsere Meinung – über das Verhalten, die (Beweg-)Gründe für Handlungen, letztendlich über die gesamten Äußerungen einer Person.

Ein Beispiel:

Stellen Sie sich Folgendes vor: Sie haben in den letzten Wochen hart gearbeitet, haben vielleicht ein Projekt oder eine Aufgabe abschließen können und haben im Anschluss daran entschieden, sich etwas Gutes zu gönnen. Sie sind während Ihrer Mittagspause in eine Buchhandlung geschlendert, haben sich durch die Regale treiben lassen und ein Buch entdeckt, das Sie bereits auf den ersten Blick gefesselt hat. Sie ergriffen die Gelegenheit, den Text auf der Rückseite des Buches zu lesen und eventuell noch die ersten Zeilen des Einleitungskapitels zu überfliegen. Mit dem Kauf des Buches war auch die Vorfreude da, gleich am Abend mit dem Schmökern beginnen zu können.

Die Zeit zu Hause beginnt mit dem Abendessen im Kreis der Familie. Sie erledigen den Abwasch, bringen ein Kind oder auch mehrere zu Bett und lassen gemeinsam mit Ihrem Partner oder Ihrer Partnerin den Alltag ausklingen. Sie wollen Sie sich gemütlich in Ihren Lieblingssessel fallen lassen und sich endlich in Ihr neues Buch vertiefen.

Da dringt ein Geräusch an Ihr Ohr, das nur aus dem Kinderzimmer kommen kann. Wenig später öffnet sich die Tür zu Ihrem Zimmer, ein halb schlafendes, halb waches Kind kommt auf Sie zu und sagt: »Ich kann nicht schlafen!«

In diesem Moment ist es Ihnen eigentlich egal, aus welchem Grund der oder die Kleine nicht schlafen kann. Tatsache ist, dass Sie vom Lesen abgehalten werden. Wo Sie gerade heute beschlossen hatten, etwas Gutes für sich zu tun und endlich mal einfach nur ein gutes Buch zu lesen …

Kennen Sie diese oder eine ähnliche Situation?

Sicherlich können Sie nachempfinden, wie es sich anfühlt, auf diese Art und Weise gestört zu werden.

✗   Lassen Sie uns diese Sicht, die mit diesen speziellen Gefühlen verbundene Wahrnehmung, die erste Position nennen. Sie beschreibt einzig und alleine, wie es Ihnen persönlich geht, was Sie – ohne Berücksichtigung aller anderen beteiligten Personen – wahrnehmen.

Um zu unserem Beispiel zurückzukehren:

Dieses Kind, das eben durch die Tür kam und geäußert hat, nicht schlafen zu können, ist fünf Jahre alt. Es ist Ihr Kind. Seit seinem dritten Lebensjahr ist es im Kindergarten. Es hatte eine Betreuerin, die sich rührend um die ihr anvertrauten Jüngsten gekümmert hat. Diese Frau hat vor ein paar Tagen den Kindergarten verlassen, um eine neue Stelle anzutreten. Ihr Kind hat seine Betreuerin sehr gemocht, ihr vertraut und gerne mit ihr und den anderen Kindern den Tag verbracht.

Wenn Sie nun selbst das Kind wären, würden Sie verstehen, warum die Betreuerin wegging? Würde es Sie interessieren, ob sie eine Stelle mit höherer Dotierung oder in einem für sie besseren Umfeld angenommen hat? Welche Fragen würden Sie sich stellen, wären Sie dieses Kind? Gäbe es für Sie einen oder vielleicht sogar mehrere Gründe, nicht einschlafen zu können? Welches wären diese Gründe? Wären Sie Ihnen so wichtig, Ihr Bett und Ihr Zimmer zu verlassen und Vater oder Mutter aufzusuchen?

✗   Lassen Sie uns diese Perspektive die zweite Position nennen. Sie beschreibt, wie die Situation aus der Sicht des anderen aussieht, sich anhört oder anfühlt. Begeben wir uns in diese Position, wird häufig schnell klar, worin entstandene Konflikte begründet liegen.

Stellen Sie sich nun weiter vor, Sie würden die ganze Szene als eine am Geschehen unbeteiligte Person von außen beobachten. Sie sehen einen Erwachsenen, der es sich gerade gemütlich gemacht hat und ein Buch lesen möchte. Sie sehen, wie ein Kind, das bereits im Bett gelegen hatte, mit schlaftrunkenem Blick ins Zimmer des Erwachsenen geht und sagt, es könne nicht schlafen. Wie hat sich Ihre Einschätzung der Situation verändert?

✘ Die Perspektive des unbeteiligten Beobachters nennen wir die dritte Position. Sie erlaubt, Erfahrungen zu machen und Einschätzungen über Geschehnisse abzugeben, die eine persönliche, emotionale Beteiligung ausschließen. Diese Position verschafft uns eine objektivere Sicht. Alle drei Positionen sind gleichermaßen wichtig. Je flexibler wir zwischen diesen wechseln können, umso ganzheitlicher wird unser Verstehen von Handlungsweisen, Aktionen und Reaktionen.

Auf das Geschichtenerfinden angewendet bedeutet dies:

✘ Aus der ersten Position heraus sammeln wir Erkenntnisse, Erfahrungen und Empfindungen aus der Sicht der Erwachsenen. Sie legen den Grundstein für die Geschichte.

✘ Die Informationen aus der zweiten Position verschaffen Klarheit über die Hintergründe einer Situation oder eines Konflikts. Mit dem Nacherleben der kindlichen Position werden der innere Zustand deutlich, in dem sich das Kind befindet, sowie die Gründe für bestimmte Reaktionen.

✘ Mit dem Blick aus der dritten Position werden eine objektive Einschätzung der Interaktionen zwischen den beteiligten Personen möglich und Lösungswege beleuchtet. Ein Ziel, das gleichermaßen als künftiger wünschenswerter Zustand beschrieben werden kann, wird aus dieser Position heraus entwickelt.

Wir möchten Sie nun einladen, die unterschiedlichen Positionen in einer – altbekannten – Geschichte selbst zu erleben.

Geschichten sind überall …

Die Weihnachtsgeschichte

Sicher kennst du dieses Bild: Vater und Mutter, das Kind in der Krippe, Ochs und Esel, Hirten, Könige, Engel und alles, was sonst noch dazugehört. Seit Jahrhunderten haben Maler die Szene in unzähligen Variationen gemalt. Und um die Weihnachtszeit sehen wir sie mit Figuren aus Ton oder Holz dargestellt. Sie gehört seit fast 2000 Jahren zu unserer Geschichte. Ich lade dich ein, das Bild jetzt in deiner Vorstellung entstehen zu lassen, vor deinem inneren Auge. Schau dir die Personen an, die für dich auftauchen, wie sie dastehen oder sitzen, was sie anhaben, wie ihre Gesichter aussehen. Vielleicht kannst du sogar den Geruch des Heus oder der Tiere wahrnehmen oder du hörst die Geräusche, die sie machen.

Und dann schau dir besonders genau das Kind an. Dieses Kind, das die Botschaft mitbringt, dass es eine tiefe Weisheit gibt und eine allumfassende Liebe für jeden Menschen. Es weiß um die wunderbaren Möglichkeiten, die in jedem Menschen liegen. Mit diesem Wissen blickt es dich an. Schau ihm in die Augen und entdecke, was sie dir sagen – ohne Worte.

Dann geh einen Schritt weiter: Versetze dich hinein in dieses Kind. Spür die Krippe, in der du liegst, aus der sonst der Ochse und der Esel fressen. Vielleicht kitzelt dich irgendwo ein Strohhalm oder er sticht durch die Decke, die dich schützt. Schau jetzt mit den Augen dieses Kindes auf dich selbst. Mit seiner Weisheit und seiner Liebe und mit dem Wissen um all die wunderbaren Möglichkeiten, die in dir liegen. Was siehst du da? Welche Eigenschaften, die du selbst vielleicht noch nie bemerkt hast? Welche Fähigkeiten, die du noch nicht gewagt hast, auszuprobieren? Welche Gaben, die du besitzt, um sie der Welt zu schenken? Deinen Mut? Deine Schönheit? Deine Liebe? Deine Weisheit? Schau, solange du willst. Und denke daran, dich bei dem Kind zu bedanken. Für das, was der Blick durch seine Augen dir gezeigt hat.

sich einlassen

Du bist wieder zurück von deinem Ausflug in die Zeit vor 2000 Jahren. Wenn du willst, halte für dich in deinem Geschichtentagebuch fest, was du erfahren hast, als das Kind dich angesehen hat und als du selbst mit den Augen dieses besonderen Kindes auf dich geschaut hast.

Und dann: Erinnere dich mit deinem gegenwärtigen Wissen über die Macht der drei Positionen noch einmal an die Geschichte von Sabine aus dem ersten Kapitel. Sabine – in der ersten Position – war unzufrieden mit ihren Leistungen beim 200-Meter-Lauf. Sie wollte sich verbessern. Dann haben wir die dritte Position aufgebaut: Die reale Sabine, gemütlich im Sessel, ganz entspannt. Sie beobachtet die nur in der Fantasie existierende Sabine beim Training und ist so in der Lage, aus der Distanz heraus zu beurteilen, was die andere Sabine noch verbessern könnte. Und schließlich, als nichts mehr zu verbessern war, kam die zweite Position: Sabine schlüpfte in die andere Sabine, die ihr Training abgeschlossen hatte und erlebte direkt, wie sich all diese Verbesserungen anfühlten.

Übung

Wenn du selbst noch einen Versuch mit den drei Positionen machen willst, schlagen wir folgenden Weg vor:

Wähle dir jemanden aus, der ganz gut Geschichten erzählen (oder vorlesen) kann. Etwa deine Großmutter oder einen Bekannter vom Stammtisch, jemand, den du im Fernsehen gesehen hast oder auf einer Bühne. Und dann setze dich bequem hin und erinnere dich an alles, was diese Person gemacht hat. Erinnere dich an ihre Körperhaltung, an Füße und Arme, Kopf und Schultern, an ihre Bewegungen, wohin und wie diese Person schaute, wie ihre Stimme klang und wie diese Stimme sich beim Erzählen veränderte.

Wenn du so viele Details gesammelt hast, dass du den Zauber wieder spürst, den du damals beim Zuhören empfunden hast, dann lasse neben dieser Person dich selber auftauchen und übertrage nach und nach alles, was du an ihr beobachtet hast, auf dieses andere Ich: die Körperhaltung und die Bewegungen, den Gesichtsausdruck, die Stimme.

Hast du alles übertragen, prüfe noch einmal: Passen all die Eigenschaften wirklich zu dir? Falls nicht, verändere sie so lange, bis du absolut überzeugt bist. Frage dich also: Wenn ich auf diese Art Geschichten erzähle, kann ich meine Zuhörer dann ebenso fesseln, wie mein »Modell« es tut?

Und nun der nächste Schritt:

Du steigst ein in dein anderes Ich und spürst und hörst, wie es ist, sich so zu bewegen, so zu schauen, so zu reden. Vielleicht siehst du vor dir ein Kind, dem du etwas erzählst, oder auch viele Leute. Du kannst beobachten, wie sie deinen Worten gebannt folgen, wie sie mitgehen, sich freuen oder nachdenklich werden – je nachdem, was du gerade erzählst …

Das Mosaik-Spiel

Gemeinsam mit Ihrem Kind können sie auch im Spiel üben, unterschiedliche Wahrnehmungspositionen einzunehmen. Durch die wechselnden Perspektiven setzt sich nach und nach ein Mosaik zusammen, das nicht nur ein komplexes Bild ergibt, sondern das es den Beteiligten auch ermöglicht, eigene Handlungsalternativen oder Lösungsstrategien zu finden.

Geschichten sind überall …

Julian streitet häufig und heftig mit seiner Schwester Laura. Sie laden Ihren Sohn ein, auf eine Reise zu gehen …
»Stell dir vor …
… du bist ein Adler und siehst, während du am Himmel fliegst, wie da unten im Garten Julian mit seiner Schwester Laura streitet. Was würdest du als Adler Julian raten?
… du bist ein Frosch, der diesen Streit beobachtet. Was könntest du als Frosch Julian zu seinem Streit mit seiner Schwester sagen ?
… du bist Lauras Teddy und siehst den Streit. Was merkst du als Teddy, was weder der Adler, noch der Frosch gemerkt haben?«

Die Reihe der beobachtenden Figuren lässt sich beliebig fortsetzen. Ratgeber können auch das Fahrrad des Sohnes, die Oma, eine Nachbarin, Jim Knopf, die Maus oder der kleine Elefant sein.

Und wenn Sie möchten, schreiben Sie – gemeinsam mit Ihrem Sohn – die Geschichte aus der Perspektive dieser Ratgeber auf.

5

Über Ziele und die Wege, die zu ihnen führen

Der Hüter der Geschichten

In einer Kleinstadt irgendwo in Norwegen, es kann auch in Dänemark gewesen sein, lebte ein alter Herr mit seinem Kater in einem bescheidenen, aber sehr hübschen, weißen Holzhaus. Seine Frau war schon vor vielen Jahren gestorben. Im ersten Jahr nach ihrem Tod wäre der alte Herr ihr am liebsten aus lauter Traurigkeit nachgefolgt, wären da nicht all die anderen Menschen gewesen, die er seit Jahren oder sogar Jahrzehnten kannte und die er fest in sein Herz geschlossen hatte.

Es war fast vierzig Jahre her, dass er – damals noch ein junger Mann – einen Buchladen von einem älteren Herrn übernommen hatte. Zusammen mit seiner Frau versorgte er seit dieser Zeit all die großen und kleinen Kunden seiner Stadt mit Büchern aller Art. Hätte er nun sein Geschäft aufgegeben, wäre die Stadt völlig ohne Bücherladen gewesen. Und so entschloss er sich mit dem Sterben noch ein wenig zu warten, bis sich ein geeigneter Nachfolger finden würde, der das Geschäft in seinem Sinne weiterführte.

Dazu sollten wir wissen, dass der Buchladen keineswegs ein gewöhnlicher war. Denn sein Besitzer hatte neben den neuen Büchern viele alte. Und die wollte er gar nicht verkaufen, weil sie ihm selbst so gut gefielen. Er verlieh sie an Menschen, von denen er annahm, dass sie mit den Geschichten in den Büchern etwas anfangen konnten. Wieder andere, noch ältere Bücher wollte er nicht mehr verleihen, weil er Angst hatte, die guten Stücke würden dann in alle Einzelteile zerfallen. Aus diesen Bänden las er denjenigen vor, die sich dafür interessierten. Also war sein Geschäft zu einem Teil ein Laden, zum anderen ein bisschen Bibliothek und ein wenig Vorlesestube.

Es hatte sich herumgesprochen, dass der alte Herr für alle Gelegenheiten passende Bücher und Geschichten vorrätig hatte. Ob sie nun in seinen Büchern standen oder ob er sie sich einfach gemerkt hatte und sie seinen Kunden erzählte. Von allen wurde er deshalb »der Hüter der Geschichten« genannt.

Eines Tages kam ein Mann in sein Geschäft und bat ihn um Rat. Mit sorgenvollem Gesicht sagte er: »Meine Frau ist krank. Seit Wochen schon schließt sie sich in ihr Zimmer ein. Sie kocht nicht, sie wäscht nicht, sie versorgt die Kinder nicht. Ich will aber, dass sie wieder arbeitet.« Der alte Herr schaute ihn lange an, bevor er antwortete: »Es tut mir sehr leid, aber in diesem Fall habe ich keine passende Geschichte für dich. Solange du nicht weißt, warum sie sich zurückzieht, wird auch die beste Geschichte nicht helfen.« Und der Mann musste mit leeren Händen nach Hause gehen.

Nur wenige Tage später kam eine Frau zu dem alten Herrn und hoffte ebenfalls auf seinen Rat: »Ich habe vier Kinder und sie sind allesamt jähzornig und böse. Man sagte mir, dass in deinen schlauen Büchern bestimmt ein guter Ratschlag zu finden wäre, damit sie mir am Ende wieder gehorchen.« Der alte Herr streichelte seinen Kater, während er ihr zuhörte, goss ein wenig heißen Tee auf und antwortete ihr: »Es tut mir sehr leid, aber in diesem Fall habe ich keine passende Geschichte für dich. Du solltest zuerst herausfinden, was du selbst unternehmen kannst, damit deine Kinder wieder den Weg in dein Herz finden.«

Nur wenig später betrat ein Mädchen den sympathischen Laden. Verlegen hielt sie sich am Riemen ihrer Schultasche fest und schaute sich verstohlen um. »Wie kann ich dir dienlich sein?«, fragte der alte Herr das Mädchen, das wohl gerade erst sechzehn Jahre alt sein mochte.

»Es geht um meine Großtante«, antwortete sie. »Sie heißt Rosa. Ich mag sie sehr. Sie ist schon sehr alt und ihre Augen sind schlecht geworden. Sie kann nun keine Bücher und Geschichten mehr lesen, was sie sehr traurig macht. Ich habe

Geld zur Seite gelegt und möchte ihr nun ein Buch schenken, das ich ihr vorlesen will, damit sie sich die Welt wieder in bunten Farben vorstellen kann.«

Der alte Herr lächelte. Seine Hand zeigte auf die Regale an allen vier Wänden des Ladens, in denen die Bücher auf ihre Leser warteten. »Jedes einzelne dieser Bücher wird dir für diese Zwecke dienlich sein. Suche dir eines aus und nimm es mit. Wenn du es vorgelesen hast, kommst du wieder und wählst das nächste aus.«

Das Mädchen machte sich daran, die beste Auswahl zu treffen. Als sie das ausgesuchte Buch bezahlen wollte, winkte der alte Herr ab. Er wollte kein Geld dafür haben, war er doch überglücklich, nun eine Nachfolgerin für sein Geschäft gefunden zu haben.

HINTERGRUND Auch Sie haben bereits einige Erfahrungen mit Geschichten machen können, etwas über den Gebrauch und die Wirkung von Geschichten erfahren. Sie haben die Worte und Sätze, die Sie im Alltag mit Kindern verwenden, unter die Lupe genommen und vielleicht einige Muster erkennen können, die speziell in Ihrer Art, sich verbal auszudrücken, ständig wiederkehren. Sie haben die logischen Ebenen als verborgene Struktur kennen gelernt, die Erzählungen und Metaphern zugrunde liegt. Sie haben mit den drei unterschiedlichen Wahrnehmungspositionen experimentiert, um nützliche Informationen für Inhalt und Aufbau einer Geschichte zu erhalten.

Wie ein Läufer haben Sie sich physisch und psychisch auf ein Rennen vorbereitet. Sie haben sich aufgewärmt, Muskeln und Sehnen gedehnt. Sie haben passende Kleidung und Schuhwerk angezogen und sind zum Startblock gegangen. Eigentlich könnte der Startschuss nun fallen.

Im Sport genauso wie beim Geschichtenerfinden ist es wichtig, vor dem Start das Ziel zu kennen. Wenn Sie keine genaue Vorstellung von Ihrem Ziel haben, werden Sie zwar sicherlich irgendwo ankommen, aber ob das Ergebnis Ihren Wünschen und Absichten entspricht, ist fraglich.

Kennen sie Situationen wie die der kleinen Alice?

»Würdest du mir bitte sagen, wie ich von hier aus weitergehen soll?«

»Das hängt zum größten Teil davon ab, wohin du möchtest«, sagte die Katze.

»Ach, wohin ist mir eigentlich gleich …«, sagte Alice.

»Dann ist es auch egal, wie du weitergehst«, sagte die Katze.

Lewis Carroll, »Alice im Wunderland«

Verschaffen Sie sich im Vorfeld Klarheit über folgende Punkte:

✘ Wie ist die Ausgangsposition?
✘ Was genau möchten Sie mit Ihrer Geschichte erreichen?
✘ Welche Veränderung soll Ihre Geschichte bewirken?
✘ Wie wird sich diese Veränderung auswirken im Hinblick auf das Umfeld, das Verhalten, die Fähigkeiten, die Glaubenssätze, die Werterahmen des Kindes? Welche neuen, zusätzlichen oder veränderten Qualitäten sollen die Erlebenswelt des Kindes bereichern?

Wenn Sie diesen Teil Ihrer Informationssammlung abgeschlossen haben, ist es ratsam, im nächsten Schritt eine genaue Vorstellung über den künftigen Zustand zu entwickeln. Gestalten Sie eine Vision über das Ziel, das es zu erreichen gilt.

Im Folgenden schlagen wir Ihnen einige Kriterien vor, die sich bei der Gestaltung einer Zielformulierung als überaus hilfreich erwiesen haben:

1. Drücken Sie Ihr Ziel positiv aus

Es ist viel einfacher, auf etwas zuzugehen, für das es sich lohnt, aktiv zu werden und sich in Bewegung zu setzen, als krampfhaft zu versuchen, von einem unerwünschten, ungeliebten Zustand oder Gefühl wegzukommen. Im Mittelpunkt Ihrer Gedanken wird im letzteren Fall immer der unerwünschte Zustand stehen. Das ist genauso, als würden Sie versuchen, mit gesenktem Kopf und hängenden Schultern eine gute Figur abzugeben.

2. Formulieren Sie Ihr Ziel in der Gegenwart

Zielformulierungen sind Vorgaben, sie wirken auf das Unterbewusstsein wie Befehle. Wenn Sie vorgeben, dass Sie irgendwann mal ein bestimmtes Ziel erreicht haben wollen und dies ohne Zeitangabe formulieren, wird dieses Ziel immer irgendwo in der Zukunft bleiben. Dort, wo Sie es nie erreichen werden. Es bleibt immer im gleichen Abstand von Ihnen entfernt wie eine Karotte, die sie sich vor die Nase hängen und doch nicht erreichen können. Es sei denn, sie bringen die Karotte zu Ihrem Mund. Für das wohlgeformte Bestimmen eines Zieles bedeutet dies: Bringen Sie die Zukunft in die Gegenwart und tun Sie so, als wären sie schon dort, wo Sie ankommen möchten.

3. Stellen Sie klar, dass es in Ihrer Regie liegt, das Ziel zu erreichen

Ein grundlegendes Kriterium für eigenverantwortliches Handeln ist: die Dinge selbst in die Hand nehmen und Veränderungen herbeiführen. Beinhaltet Ihr Ziel im Wesentlichen eine Verhaltensänderung Ihres Kindes, dann sollten Sie umso genauer darauf achten, dass Sie bei der Planung der Schritte auch das beschreiben, was Sie dazu beitragen, um das Ziel zu erreichen.

4. Stellen Sie sich das Erreichen Ihres Zieles mit allen Ihren Sinnen vor

✗ Wie sieht es aus, wenn es erreicht ist? Ist Ihr Bild hell, dunkel, scharf, unscharf? Sehen Sie es Schwarzweiß oder in Farbe?

✗ Wie fühlt es sich an, dort angekommen zu sein? Wo spüren Sie es in Ihrem Körper? In Ihrem Kopf, in den Händen, in den Füßen? Wo genau? Und wie genau?

✗ Was ist in diesem Zusammenhang zu hören? Welche Geräusche, Töne oder Worte? Wie verändern sich die Gespräche, die Lautstärke, die Tonqualität?

✗ Gibt es auch einen besonderen Geschmack oder Geruch? Wie würden sie diese Qualitäten benennen?

Sind noch Veränderungen an der Zielbestimmung zu machen , dann werden Sie dies schnell merken, wenn Sie nach den Kriterien der sinnlichen Wahrnehmung vorgehen.

5. Machen Sie deutlich, in welchem Kontext Sie Ihr Ziel erleben möchten

Möchten Sie Ihr Ziel in jeder Situation erleben? Ist es für jeden Kontext geeignet und passend? Mit wem wollen Sie es erleben? Wo? Wann? Und wie oft oder wie lange soll es Sie bereichern?

6. Finden Sie heraus, welchen Nutzen das alte Verhalten, der alte Zustand hat

Irgendeinen Nutzen oder einen Vorteil muss das alte Verhalten gehabt haben, denn sonst wäre es längst aufgegeben worden. Stellen Sie sicher, dass der Vorteil im neuen Ziel ebenfalls enthalten ist. Oder sorgen Sie dafür, dass das Neue weitaus erstrebenswerter ist, als das Alte.

7. Prüfen Sie als Letztes, ob die Ökologie gewahrt bleibt

Stellen Sie sich vor, Sie hätten Ihr Ziel bereits erreicht. Was würde sich alles verändern? Wie würde es den anderen Beteiligten (Familie, Freunden etc.) gehen? Tun Sie so, als ob Sie diese anderen wären. Wären Sie dann auch mit den Veränderungen einverstanden?

Gibt es etwas, auf das Sie verzichten müssen, um das Neue leben zu können? Sind Sie bereit, das in Kauf zu nehmen?

Ein Beispiel, das die Anwendung dieser Kriterien verdeutlichen kann:

Eine Kursteilnehmerin drückte ihren Wunsch zu Beginn ihrer Zielbestimmung folgendermaßen aus:

>>Es muss irgendetwas geschehen, damit mein Kind seine Ängstlichkeit verliert.<<

✘   Dieser Satz hatte in seiner Form nichts mit einer wohlgeformten Zielbeschreibung gemeinsam. Das Ziel war einfach nicht enthalten.

✘   Außerdem war kein zeitlicher Rahmen erkennbar. Ihre Aussage klang ganz so, als hätte jemand nach dem Weg zum Bahnhof gefragt und die Frau hätte geantwortet:>>Sie müssen irgendwann irgendwo hingehen, um sich von dieser Straße zu entfernen.<< Irgendetwas sollte irgendwann geschehen, um von irgendetwas wegzukommen. Dieser Satz hatte den negativen Zustand im Mittelpunkt.

✘   Die Teilnehmerin wollte wirklich, dass sich ihr Kind wohler fühlte, obwohl sie noch nicht wusste, was genau sie Konstruktives dazu beitragen könnte. Ihr fehlte zu diesem Zeitpunkt eine klare Vorstellung, wie dieser Beitrag hätte aussehen können und welche Schritte notwendig wären, damit sich an der anhaltenden Ängstlichkeit ihres Kindes etwas veränderte.

✘   Als sie mit allen Sinnen den nun bereits leicht veränderten Zielsatz überprüfte und sich das Ziel vorstellte, sah und hörte sie nichts Konkretes, sie fühlte nur ein unspezifisches Kribbeln im ganzen Körper, das sie als Unruhe beschrieb.

✘   Bei der Nutzen-Analyse des alten Verhaltens stellte sie erstaunt fest, dass es unter bestimmten Umständen ganz sinnvoll sei, dass ihr Kind Ängstlichkeit zeigte. Schließlich wollte sie nicht erreichen, dass es ohne Vorbehalte alles annahm oder auf jeden fremden Menschen ohne Zögern zuging. Danach versetzte sie sich in die Lage des Kindes, um herauszufinden, welchen Nutzen die Ängstlichkeit für das Kind hatte. Schnell merkte sie, dass es gerne den Schutz und die Geborgenheit der Mutter spürte, sich umsorgt fühlte, wenn sie bei ihm war. Aus ihrer eigenen Position, der Position der Mutter wurde ihr zudem deutlich, dass auch sie gerne ihre Fürsorge zeigte, das Kind gerne bei jedem neuen Entwicklungsschritt begleiten wollte und lieber »nichts dem Zufall« überlassen wollte. Ihr wurde klar, dass diese Ängstlichkeit von Nutzen sowohl für das Kind wie auch für sie selbst war.

✘ Andererseits wollte sie gerne fördern, dass ihr Kind dem jeweiligen Alter entsprechend, eigene Schritte unternahm, um Neues zu entdecken und zu erkunden, um schließlich an den gemachten Erfahrungen zu lernen und zu wachsen.

✘ Bei der darauf folgenden Ökologie-Überprüfung sah sie ein Bild, in dem die ganze Familie versammelt war und das Kind freudig auf eine Freundin der Mutter zuging. Die Erwachsenen reagierten mit einem Lächeln und waren angenehm vom neuen Verhalten überrascht. Einzig der ältere Bruder reagierte ärgerlich, da er nun nicht mehr der »Große« sein konnte und die ungeteilte Aufmerksamkeit des Besuches bekam. Die Teilnehmerin entschied sich, das Verhalten des älteren Kindes in Kauf zu nehmen. Sie hatte das Gefühl, dass sich daraus absehbare Veränderungen ergeben würden, die dem Älteren neue Möglichkeiten der Interaktion und Kommunikation bieten würden.

Nachdem sie alle Kriterien der »Wohlgeformtheit eines Zieles« berücksichtigt hatte und nach jedem Schritt ihre Worte ein wenig verändert hatte, schrieb sie folgenden Satz:

> Ich unterstütze mein Kind darin, mehr und mehr seine Fähigkeiten zu entwickeln, selbst einzuschätzen, wann es zurückhaltend sein sollte und wann es neugierig auf Menschen oder neue Dinge zugehen kann.

Diese Zielbestimmung dauerte alles in allem etwa eine halbe Stunde. Innerhalb dieser Zeit waren nach Aussagen der Teilnehmerin »etliche Groschen gefallen«, sie hatte nicht nur eine größere Klarheit über die Ursachen des alten Verhaltens erhalten, sondern auch über ihren Anteil daran als Mutter. Daraus konnte sie konkrete Lösungsschritte entwickeln, die in ihrem Einflussbereich lagen. Alles, was sie getan hatte, fand jedoch noch nicht in der äußeren Wirklichkeit statt, sondern hatte seinen Raum in ihrem Inneren.

Geschichten sind überall …

Die Eiche

Es war einmal eine junge Eiche. Sie als Eichbaum zu bezeichnen, wäre reichlich übertrieben. Vermutlichlich war sie gerade mal fünf oder sechs Jahre alt. Aber sie hatte schon alles, was eine richtige Eiche ausmacht. Einen Stamm – allerdings konnte man seinen Umfang noch in Millimetern messen –, schön geformte Blätter mit Wellen am Rand, wenngleich erst sieben oder acht, sowie an der höchsten Stelle des Stammes ein paar Knospen, aus denen die nächsten Blätter und die nächsten paar Zentimeter des Stammes wachsen würden.

Soweit war alles in Ordnung mit der kleinen Eiche. Nur eines beunruhigte sie sehr: Um sie herum standen ganz viele Eichen-Schösslinge. Und wenn sie sich so umsah und all die Unterschiede zu den anderen wahrnahm, fing die kleine Eiche manchmal heimlich an zu weinen. Da gab es eine, die hatte viel schöner gewellte Blätter, eine andere war weit schöner gefärbt, der Stamm einer dritten war sicher um zwei Millimeter stärker als ihrer, und wieder andere schienen höher als sie oder standen an einem Platz, an dem sie mehr Sonne bekamen als sie selbst. Selbst die Fliegen und Schmetterlinge, so meinte sie zu beobachten, setzten sich zum Ausruhen häufiger auf die anderen Eichen als auf ihre Blättchen.

Nun war es allerdings nicht so, dass die kleine Eiche dauernd am Heulen war. Nein, die meiste Zeit genoss sie die Sonnen-

strahlen ebenso wie die Regentropfen, den Nebel am Morgen und die Hitze am Mittag, die verschiedenen Melodien der Vögel, Grillen, Bienen und Fliegen, die Farbenpracht der Schmetterlinge und der Blumen auf dem Waldboden.

Und manchmal, wenn sie nach oben schaute und die zwei, drei mächtigen Eichen sah, von denen sie – wie alle ihre Geschwister – einmal als Eichel heruntergefallen war, bevor sie ihr eigenes Leben angefangen hatte, da war sie richtig stolz und konnte es kaum erwarten, selbst einmal eine so große und stattliche Eiche zu werden. Und in diesen Augenblicken wusste sie, tief in ihrem Innern und mit aller Gewissheit: Ich habe alles in mir, was ich brauche, um zu wachsen, um groß und stark zu werden und auf meine Art genau so schön, wie diese wunderbaren Bäume.

Nur, wenn sie dann wieder die jungen Eichen neben sich beobachtete, kamen ganz schnell ihre Zweifel und Sorgen wieder zurück.

Lösung 1: Eines Tages, mitten im Winter, die Blätter der kleinen Eichen waren schon lange vertrocknet und warteten auf den Frühling, um den neuen Blättern Platz zu machen, da hörte man einen großen Lärm im Wald. Über die Wege fuhren Lastwagen und große Maschinen, darin Männer und auch Frauen mit Schutzhelmen und hochgeklappten Schutzschilden für die Augen. Sie luden aus: Sägen und Seile, Kanister und Taschen. Sie waren gekommen, um die alten Eichen zu holen, denn aus den Stämmen sollten Stühle und Tische, Betten und Schränke gefertigt werden.

Zwei Tage blieben sie. Alle Stimmen des Waldes wurden vom lauten Geräusch der Motorsägen, der Rufe der Männer und Frauen und ab und zu vom Krachen eines umstürzenden Baumes übertönt. Am Abend des dritten Tages hatten die Waldarbeiter die riesigen Eichenstämme auf ihre Lastwagen geladen, ihre Sachen zusammengepackt und waren wieder abgefahren. Alle Äste, die zu dünn waren zum Möbelmachen und auch als Brennholz nicht taugten, hatten sie liegen gelassen. Es herrschte ein heilloses Durcheinander.

Und die kleinen Eichen standen dazwischen, erholten sich von ihrem Schrecken und merkten allmählich, was sich alles verändert hatte. Es war weit heller als früher. Sie standen in der Sonne, das schützende Dach aus Ästen und Blättern über ihnen war verschwunden.

Wieder und wieder betrachtete die kleine Eiche in den darauffolgenden Tagen und Wochen ihre jungen Nachbarbäumchen und dabei wurde ihr zunehmend klarer: Es kam nicht mehr auf die Unterschiede an. Sie hatten jetzt eine gemeinsame Aufgabe: Zu wachsen, groß zu werden und das Leben weiterzugeben, das sie von den alten Eichen bekommen hatten. WIR SIND DER WALD VON MORGEN. Und im Frühling, als die neuen Blätter anfingen zu wachsen, war es, als würden sich die kleinen Eichen die Hände reichen, um gemeinsam zu tun, wozu sie da waren: der Wald von morgen zu werden.

Lösung 2: Eines Tages, als sie wieder einmal besonders traurig war, traute sie sich etwas, woran sie in ihrem ganzen bisherigen Leben noch nie gedacht hatte. Sie fasste sich ein Herz und sprach eine andere junge Eiche an, die nicht weit von ihr stand und vielleicht ein oder zwei Jahre älter war als sie. »Sag mal, als du kleiner warst, hast du da auch immer darauf geschaut, wie viel schöner oder größer oder beliebter die anderen kleinen Eichen sind? Und warst du dann auch immer so traurig?«

Die andere kleine Eiche überlegte eine Weile, bevor sie antwortete. »Weißt du, das ist schon ziemlich lange her. Aber es stimmt. Es gab Zeiten, da habe ich auch ganz oft auf die anderen Eichen geschaut und mich mit ihnen verglichen. Und das hat mich oft bedrückt. Aber ich habe großes Glück gehabt. Eines Nachts nämlich hat die Eule direkt neben mir eine Maus gefangen. Weil ich gehört habe, dass die Eule das klügste Tier im ganzen Wald ist, habe ich mich getraut sie um Rat zu fragen. Als ich ihr von meinen Schwierigkeiten erzählt hatte, hörte sie einen Moment mit ihrer Mahlzeit auf, sah mich lange an und erklärte mir dann:

›Du, genauso wie jedes Wesen auf der Welt, kannst in jedem Moment wählen, wo du hinsiehst. Du kannst wählen, das zu betrachten, was andere besser können oder mehr haben als du. Und du kannst dich entschließen, auf das zu schauen, was du hast und kannst und bist. Diese Wahl steht dir immer frei. Du kannst sogar beides ausprobieren. Und nach spätestens vier Wochen wirst du wissen, welche Wahl dir gut tut.‹

So sprach die Eule, bevor sie sich wieder über die Reste der Maus hermachte. Vom nächsten Tag an, probierte ich, was die Eule gesagt hatte. Und es dauerte keine vier Wochen, bis ich herausgefunden hatte, was gut für mich war.«

Ich kann dir nicht verraten, was die kleine Eiche durch die Geschichte ihrer Freundin für sich herrausgefunden hat. Ich kann dir nur raten: Probier es selber aus!

Aber etwas will ich dir doch noch verraten und du kannst es ausprobieren, wie es funktioniert: Wenn du mal nicht weiter weißt oder eine ganz schwierige Frage hast, die dir kein Mensch beantworten kann: Dann stelle dir vor, es ist Nacht, du bist im Wald und plötzlich fängt direkt neben dir die Eule eine Maus. Und ungefähr in der Mitte ihrer Mahlzeit, wenn die Eule nicht mehr so arg hungrig ist, ist der beste Moment, sie um Rat zu fragen. Was sie dir antworten wird? Das weiß nur die Eule.

sich einlassen

Was ist dein Vorschlag für den Ausgang der Geschichte mit der jungen Eiche? Vielleicht hast du auch mehrere? In deinem Geschichtentagebuch ist Platz, deine Inspirationen, Ideen und Gedanken weiterzuentwickeln und aufzuschreiben.

6

Das spielerische Entdecken der eigenen Kreativität

Die Spiele des Meistererzählers

Mein Schwager Ernst ist Schreiner. Die ganze Woche über baut er wunderschöne Treppen. Dafür feiert er dann am Wochenende recht gerne. Und da wird es öfter auch mal spät.

Mein Schwager Ernst hat zwei Kinder, ein Mädchen und einen Jungen, die das Recht genießen, sonntagmorgens zu ihren Eltern ins Bett kriechen zu dürfen. Und dann wollen sie eine Geschichte hören.

Mein Schwager Ernst ist nicht unbedingt ein Freund von Märchen und deswegen schilderte er seinen Kindern einfach, was er so die letzten Tage über erlebt hatte. Das ging so lange gut, bis er eines Tages die Geschichte vom Bagger erzählte.

Und das kam so: In der Stadt, in der mein Schwager Ernst lebt, wurde damals das Wasserleitungsnetz erneuert. Über Wochen sah man an allen möglichen Plätzen der Stadt große und kleine Bagger, Lastwagen, Arbeiter, Sandhaufen, Absperrungen, Rohre und tiefe Gräben. So war es nicht weiter verwunderlich, dass Ernst eines Sonntags auch einen Bagger in seine Erzählung einbaute. Aber von da an war es aus mit allen anderen Geschichten. Kaum waren die Kinder im ehelichen Bett gelandet und hatten es sich gemütlich eingerichtet, verlangten sie: »Papa, erzähle wieder vom Bagger!« Da half dann alles nichts.

Selbst wenn Ernst erst um fünf Uhr ins Bett gekommen war und ihm zwischen zwei Sätzen immer die Augen zufallen wollten – er musste sich wieder eine Geschichte vom Bagger ausdenken. Und da mein Schwager Fantasie hat – sonst könnte er nicht so schöne Treppen bauen – ersann er jedes Mal eine neue Geschichte. Einmal hatte der Bagger Bauchweh, als er zur Getriebereparatur in die Werkstatt musste.

Ein anderes Mal war der kleine Bagger in den Graben gefallen und der große musste ihm wieder heraus helfen. In einer weiteren Geschichte konnte sich der kleine Bagger revanchieren und half dem großen Bagger, als dieser ein Gewicht heben musste, das ein bisschen zu schwer für ihn war.

Die Kinder waren zufrieden, wenn Sie nur wieder eine Geschichte vom Bagger erzählt bekommen hatten. Ob dabei meine Schwägerin Margarethe heimlich zuhörte oder die Gelegenheit nutzte, sich nochmals umzudrehen und weiterzuschlafen, ist nicht überliefert. In jedem Fall, und das ist überliefert, hatten alle ihren Spaß. Nicht nur an diesen Sonn(en)tagen.

HINTERGRUND

Neben aller Theorie und Struktur darf eines nicht in den Hintergrund treten: Der Spaß am Spielen. Das gemeinsame Spielen mit Worten, mit Sprache und mit Geschichten ist ein wichtiger Baustein im »Haus des Geschichtenerfindens«.

Wenn Sie das Erzählen oder Vorlesen von Geschichten lediglich als eine von vielen notwendigen Aufgaben ihrer Rolle als Mutter oder Vater betrachten, werden Sie während dieser Zeit vermutlich selbst wenig Vergnügen empfinden und kaum auf neue Ideen kommen. Sie werden möglicherweise allenfalls einen weiteren Punkt auf Ihrer »Zu-Erledigen-Liste« abhaken können.

Wie wäre es, wenn Sie selbst Freude daran hätten, mit Sprache zu spielen, aus Ihren vorhandenen Fähigkeiten zu schöpfen, in Ihre eigene Kreativität abzutauchen, um die Schätze zu bergen, die in den Tiefen verborgen liegen?

Wir möchten Sie einladen, die nachfolgenden Spielideen gemeinsam mit Ihrer Familie auszuprobieren, dabei auch eigene, neue Ideen zu entwickeln und damit Ihren individuellen Stil, ihre Methode zu finden, wie Sie sich wirkungsvolle und heilende Geschichten zusammenreimen.

Die Erfahnung kann nicht eindeutig bestätigen, dass noch kein Meister vom Himmel gefallen sei. Es gibt jedoch Gerüchte, die besagen, dass Meisterschaft auch spielerisch erlangt werden könne. In weiser Voraussicht haben wir deshalb die nachfolgenden Ideen die »Spiele des Meistererzählers« genannt.

Das erste Spiel des Meistererzählers

sich einlassen

Einer aus der Runde nennt fünf Substantive. Mit diesen Hauptwörtern denkt sich der auserwählte Meistererzähler eine Geschichte aus. Die Wörter müssen auf den ersten Blick nicht unbedingt in einem Zusammenhang stehen. Das Faszinierende an diesem Spiel ist, dass Begriffe, die scheinbar nichts miteinander zu tun haben, in einer spannenden oder lustigen Geschichte zusammengebunden werden.

Bei diesem Spiel kann es vorkommen, dass die wunderhübsche Prinzessin auf ihrem Spaziergang durch den Wald an einem Bach vorbeikommt und ein Skateboard findet. Da weit und breit der Besitzer nicht auffindbar ist, probiert sie einfach das unbekannte, rollende Spielzeug aus. Natürlich gibt es dabei Hindernisse und Hürden zu überwinden. Zum Beispiel, als sich ihr goldenes Kleid in den Rädern des Skateboards verheddert. Als sie sich auch noch verirrt, scheint die Lage aussichtslos. Ein Känguru, das sich im Schatten eines Baumes von seiner langen Reise erholt, zeigt ihr schließlich den Weg zurück zum Schloss. Sie lädt zum Dank das Känguru zum Teetrinken ein. Dabei erzählen sie sich viele Geschichten – aus Australien und aus dem Schwarzwald.

(Nachdem ein Vater das Spiel mit seiner Tochter probiert hatte, kam er auf die Idee, bei einer Mitarbeiterbesprechung in der Firma den Kollegen vorzuschlagen, zu den fünf Stichworten Umsatzrückgang, Hoffnung, Arbeitslosigkeit, Ziele und Erfolg eine Geschichte zu erzählen.)

Das zweite Spiel des Meistererzählers

In der Abwandlung des Spieles von oben, darf das Kind sich fünf seiner Lieblingsspielsachen, -bücher oder -gegenstände auswählen. Diese werden auf dem Bett, soll es eine Gute-Nacht-Geschichte werden, oder im Zimmer im Kreis hingelegt. Der Meistererzähler beginnt, nachdem er sich von diesen Gegenständen hat inspirieren lassen, mit seiner Erzählung …

Bei diesem Spiel könnte es passieren, dass ein Buch – wie von Zauberhand geführt – seinen Deckel aufspringen lässt. Heraus hüpft die kleine Hexe, die den Teddy in den Arm nimmt und ihn überredet, mit ihr in den nächtlichen Sternenhimmel zu fliegen, um gemeinsam mit dem kleinen Hund, der mit seinen Geschwistern auf dem Mond lebt, ein Gute-Nacht-Lied (Spieluhr) für das Kind zu singen, in dessen Zimmer die kleine Hexe und der Teddy zu Hause sind. Nach dieser weiten Reise schlafen (Kuscheldecke) bald alle ein und träumen einen wunderschönen Traum. Was in dem Traum alles vorkommt, wird erst morgen erzählt.

Das dritte Spiel des Meistererzählers

Stellvertretend für die Situation oder das Ziel, das der Erzähler mit seiner Geschichte verfolgt, wird ein Symbol in die Mitte eines Blattes gemalt. Das kann eine Sonne sein, ein Auto, ein Springbrunnen oder was auch immer passend erscheint und als Erstes in den Sinn kommt. Dieses Symbol wird mit einem farbigen Rahmen versehen, von dem wiederum beliebig viele Striche in unterschiedliche Richtungen ausgehen.

Am Ende eines jeden Strichs malen alle Teilnehmer weitere Symbole, die in irgendeiner Form mit dem Symbol in der Mitte zu tun haben. Aus diesem Bild ergibt sich eine neue Geschichte, die entweder vom Meistererzähler alleine oder von allen Beteiligten reihum erzählt wird.

102

Das vierte Spiel des Meistererzählers

Sie benötigen verschiedene Blankokarten (DIN A 5 oder DIN A 6). Alle Teilnehmer malen jeweils ein Tier auf die Karten. Diese werden eingesammelt, gemischt und wieder verteilt. Pro Spieler genügen zwei bis drei Tierbilder. Nun wählt der erste Spieler eine Karte aus, legt sie für alle sichtbar auf den Tisch und beginnt zu erzählen – als ob er selbst das abgebildete Tier wäre. So kann er beispielsweise berichten, was er besonders gut kann oder besonders gerne mag, wo und mit wem er lebt, welches seine besten Freunde sind. Nacheinander kommt jeder Spieler mit dem Erzählen dran. Gegenseitige Hilfestellung durch Nachfragen ist ausdrücklich erwünscht.

Am Ende wird auf der Grundlage der vorgestellten Tiere und deren speziellen Fähigkeiten und Eigenschaften eine gemeinsame Geschichte entwickelt.

Das fünfte Spiel des Meistererzählers

Zunächst brauchen Sie Kinder- oder Babyfotos aller Mitspieler. Jeder nimmt ein Foto eines anderen Spielers. Er versetzt sich in die Position dessen, der auf dem Foto zu sehen ist. Von diesem Standpunkt aus berichtet er, was auf dem Bild zu sehen ist, in welcher Situation er sich damals befand und wie es ihm in jener Zeit und in jenem Alter ergangen ist. Er schließt ab mit dem Satz: »Und damals habe ich mir gewünscht, dass …«

Aus den gesammelten Informationen lassen sich neue Geschichten entwickeln. Zum Beispiel, indem sie die Situation in eine andere Welt (Tiere, Natur) übertragen, vielleicht auch in eine andere Zeit oder in eine fremde Kultur.

Lassen Sie sich von diesem Spiel überraschen, Sie werden eine Menge über Ihre Mitspieler erfahren und eventuell ganz neue Seiten an Ihrem Kind oder Ihrem Partner entdecken.

Bereits nach kurzer Zeit des gemeinsamen kreativen Spielens wird eine beträchtliche Sammlung spannender und lustiger Geschichten zusammenkommen. Und es lohnt sich, sie aufzuschreiben. Denn daraus kann ein ganzes Buch von einmaligem Charakter – und zugleich Spiegel der besonderen Prägung der Familie – entstehen. Eine wunderbare, kreative Ergänzung zum klassischen Familien-Fotoalbum, das auch noch nach vielen Jahren gerne in die Hand genommen werden wird.

Geschichten sind überall ...

Die zwei Mäuse

Es waren einmal zwei junge Mäuse, ein Maus-Mädchen und ein Maus-Junge. Sie lebten mit vielen anderen Mäusen unter der Erde in einem Gewirr von unzähligen langen und verschlungenen Mäusegängen. Unter all den vielen Gängen gab es einen, den mochten die beiden ganz besonders. Er war richtig lang, manchmal schmal, manchmal breit, mit Seitenhöhlen, steinigen und sandigen Stellen und Wurzeln, die in den Gang hineinwuchsen und auf denen man sehr gut schaukeln konnte. Dort spielten sie oft zusammen Fangen und Verstecken, manchmal setzen sie sich in eine kleine Höhle, kuschelten sich dicht aneinander und erzählten sich Geschichten und manchmal erschreckten sie die erwachsenen Mäuse, die vorbeikamen.

Nur: Es gab eine Gefahr in diesem Gang und keiner wusste genau, wodurch sie ausgelöst wurde. Manchmal passierte es nach einem heftigen Regen, manchmal nach wochenlanger Trockenheit, manchmal wenn der Bauer mit seinem Traktor über das Feld mit den Mäusegängen fuhr, und manchmal, wenn die zwei jungen Mäuse im Gang zu wild Fußball mit einer Erbse gespielt hatten. Und manchmal auch ganz ohne ersichtlichen Grund: Ein riesengroßer Steinbrocken – zumindest für die Mäuse war er riesig – fiel aus der Wand des

Ganges und versperrte den Durchgang. Wenn es sich dann gerade so traf, dass eine Maus auf der einen Seite des Steins war und die andere Maus auf der anderen, dann war es aus mit dem gemeinsamen Spielen und Rennen und Geschichtenerzählen. Jeder war für sich alleine und war zuerst ärgerlich, dann traurig und dann wurde es schnell langweilig so allein.

Am Anfang, als der Stein das erste Mal gefallen war, hatten die zwei Mäuschen noch alles versucht, um wieder zueinander zu kommen. Sie hatten geschrien, am Stein gekratzt und geschoben, dagegen gehauen und mit Stöcken versucht, ihn kleinzukriegen, weil sie wussten: Solange er da lag, war es vorbei mit dem Spaß, vorbei mit dem Spielen. Bald hatten sie aber eingesehen, dass das alles nichts half und dass sie die erwachsenen Mäuse brauchten.

Die kamen auch die ersten paar Male ziemlich rasch, aufgeschreckt vom Geschrei oder weil sie zufällig selbst in demselben Gang unterwegs waren. Aber das Problem war riesig. Es brauchte auf jeder Seite des Steins mindestens drei große, starke Mäuse, um mit Stöhnen, Schimpfen und Fluchen den Stein wieder in die Wand zu drücken. Und schließlich nahmen die großen Mäuse gleich einen anderen Weg, wenn der Stein wieder einmal aus der Wand gefallen war. Es wurde zunehmend schwieriger und dauerte länger und länger, um sechs große Mäuse zusammenzubringen, die den Stein wieder beseitigten.

Doch irgendwann hatten die beiden schlauen Mäuse gemerkt: Es half weder Schreien noch auf dem Stein herumzuhauen. Schon gar nicht, auf die großen Mäuse zu warten. So fingen sie an zu überlegen, ob sie nicht selbst etwas unternehmen konnten.

Das erste, was sie machten, war: An der Stelle, wo der Stein fiel, gruben sie zu beiden Seiten für jeden von ihnen eine Kuschelhöhle, weich und warm ausgepolstert mit trockenen

Blättern, mit ein paar Nüssen und trockenen Früchten zum Naschen, mit Steinen und Stöckchen zum Spielen. Als der Stein das nächste Mal herunterpurzelte, gefiel es ihnen sehr, sich dorthin zurückzuziehen. Bis sie dann merkten, dass noch etwas fehlte: Eigentlich wollten sie lieber zusammen sein und gemeinsam etwas machen. Also buddelten sie einen neuen Gang, der ihre Höhlen miteinander verband, sodass sie von jetzt an wählen konnten, ob sie alleine oder zusammen sein wollten.

Und weil ihnen das Gängegraben so viel Spaß gemacht hatte – immer abwechselnd waren sie ans Werk gegangen, einer grub und einer schaffte die Erde weg oder umgekehrt –, gruben sie von dem Gang aus, der ihre Höhlen miteinander verband, einen weiteren hinaus ins Freie. Sie kamen in einem dichten Gebüsch am Waldrand heraus, wo es um diese Zeit gerade reife Himbeeren gab und ein paar Wochen später die ersten Brombeeren und wo man sich in dicken Laubhaufen sehr gut verstecken oder in die man von oben hineinspringen konnte.

Eines Tages, als sie wieder dort spielten, entkamen sie ganz knapp der Katze des Bauern, die auch gerne am Waldrand auf Beutefang ging. Von da an lernten sie gut auf sich aufzupassen und sehr aufmerksam ihre Umgebung zu beobachten, auf das Geschrei der Vögel zu hören, die die Katze ebenso ankündigten wie den Marder oder den Eichelhäher. Sie lernten auf alle Bewegungen von Ästen und Blättern zu schauen, die das Nahen eines Räubers verrieten und jede Spur von Katzenduft in der Luft zu riechen, lange bevor das »Monster« in der Nähe war.

So hatten sie ganz alleine für sich die Sache mit dem Stein gelöst. Inzwischen war ihnen der Stein sogar egal. Sie dachten auch fast nie mehr an das Hindernis, weil sie jetzt viele andere Möglichkeiten hatten. Und sie waren auch ein bisschen stolz auf sich, dass sie etwas geschafft hatten, was nicht einmal den erwachsenen Mäusen gelungen war.

Geschichten sind überall ...

Der Betonklotz

Wenn du ganz nah davor stehst, siehst du ein weiches Polster von Moos, das dir Lust macht, die Hand darauf zu legen und darüber zu streichen. Weich, kühl, ein bisschen feucht. Ein Bild oder Symbol für all das in deinem Leben, das angenehm ist und zärtlich und weich.

Und dann merkst du, es ist ein großer, abgerundeter Klotz aus Beton, der sich unter dem Moos verbirgt: Schwer, hart, beständig. Ein Bild oder Symbol für all das in deinem Leben, was unerträglich, schwer, belastend und unüberwindlich scheint.

108

Und dann stellst du fest: Der bemooste Betonklotz
dient als Gegengewicht, um eine Schranke leichter hoch-
heben zu können. Ein Bild oder Symbol – wofür in deinem
Leben?

7

Die Verbindung zwischen Überzeugungen und »Wirklichkeit«

Wie man eine Prinzessin wird,
die immer Hilfe findet

Wenn ein Kind zur Welt kommt, hat es noch keine Idee, wie
es sich in dieser Welt einmal zurechtfinden wird. Es erlebt
viele Dinge und trifft die unterschiedlichsten Leute, seine
Eltern und Großeltern, Onkel und Tanten, Geschwister,
Freunde und Freundinnen, Nachbarn, Erzieher, Lehrer, Pfar-
rer, Ärzte, Handwerker. Und nach und nach setzt sich für
das Kind wie ein Puzzle-Spiel aus vielen Teilen sein eigenes
Bild von der Welt zusammen.

Ob das ein Bild von einer Welt wird, in der es gerne lebt,
wo es seinen Platz sucht und findet und ihn ausfüllt, um
die Welt »ein klein wenig freundlicher« zu machen. Oder ob
es ein Bild von einer Welt wird, die Angst macht oder lang-
weilt – das hängt davon ab, welche der vielen Puzzle-Teile,
die es kennen lernt, am meisten beeindrucken.

Ich hörte einmal von einer Frau, die lebte noch nicht lange
als Ausländerin in der Schweiz. Sie interessierte sich dafür,
wie andere Frauen, die in der gleichen Situation waren, damit zurechtkamen. Bei ihren Studien traf sie auf die unterschiedlichsten Persönlichkeiten. Viele Frauen beklagten sich
über Ausländerfeindlichkeit und mangelnden Respekt. Eine
allerdings berichtete, dass sie niemals irgendwelche Schwierigkeiten gehabt hätte, weder auf Ämtern noch in Geschäf-
ten oder mit Nachbarn. Und während sie zusammen ver-
suchten herauszufinden, was bei dieser Frau anders war als
bei so vielen anderen, erzählte sie eine Geschichte aus ihrer
Kindheit. Als sie ein Mädchen von drei oder vier Jahren war,
hatte ihr Vater die Angewohnheit, sie vor dem Schlafen-
gehen auf den Schoß zu nehmen und ihr eine Geschichte
zu erzählen. Und jedesmal, ganz gleich was er für sie erdich-
tet hatte, endete er mit den Worten: »Du bist meine Prinzessin. Du wirst in deinem ganzen Leben immer jemanden
finden, der dir hilft.«

HINTERGRUND Können Sie sich vorstellen, was es ausmacht, wenn im kindlichen Bild von der Welt, solche Puzzle-Teile vorhanden sind?

Erinnern Sie sich noch einmal an die Geschichte vom jungen Adler. Er lebte zunächst in der festen Überzeugung: »Ich kann nie fliegen lernen«. Damit hatte er sich eine Wirklichkeit erschaffen, die ihn einengte und ihn in seiner Bewegungsfreiheit einschränkte. Nach dem äußeren Anstoß durch seinen Freund, den Wind, konnte er seine Haltung verändern: »Ich kann fliegen!« Und auf einmal lebte er in einer Welt, in der es Weite und Freiheit gab. Eine Welt, in der er viel mehr Bewegungsraum hatte, eine Welt, in der er glücklich war. Das Interessante daran ist, dass sich die Welt nicht verändert hatte, sondern nur die Überzeugung des Einzelnen.

sich einlassen

Das Adler-Spiel

Sicher möchten Sie selbst ausprobieren, wie Überzeugungen das Erleben der »Wirklichkeit« beeinflussen.

Schreiben Sie eine Ihrer Überzeugungen auf, die Ihre Realität einschränkt.

Eine Teilnehmerin in einem Kurs notierte beispielsweise: »Ich kann keine Geschichten erfinden.«

Verkehren Sie nun diesen Satz in sein Gegenteil. Besagte Teilnehmerin schrieb: »Es fällt mir leicht, mir Geschichten auszudenken«.

Tun Sie nun einfach so, als wäre der auf den Kopf gestellte Satz wirklich Ihre tiefe Überzeugung. Lassen Sie sich von Ihrer »Überzeugung« eine Woche lang begleiten. Wann immer es Ihnen in den Sinn kommt, sprechen Sie diesen Satz zu sich selbst. Spielen Sie auch damit. Spüren Sie nach, was sich in Ihrem Körper, an Ihrer Haltung, Ihrem Gang, an Ihrem Befinden verändert.

Nach Ablauf dieser Woche sollten Sie überprüfen, ob der alte Satz für Sie noch dieselbe Bedeutung hat wie vorher. Möglicherweise werden Sie entdecken, dass an diese eine Überzeugung noch weitere gekoppelt sind, die Ihre Einstellungen und Ansichten in ein anderes Licht rücken oder Ihre Perspektiven erweitern.

Dass Überzeugungen nicht nur das eigene Erleben der Welt verändern, sondern sich auf das Erleben anderer Menschen auswirken, beweist das folgende Erlebnis.

Geschichten sind überall …

Wir waren nach der Arbeit mit mehreren Kollegen auf ein Glas Wein ausgegangen und saßen um einen großen Tisch. Einer der Kollegen aß Würstchen. Er war sichtlich nervös. Plötzlich legt er sein angebissenes Würstchen auf den Tisch, springt auf und verlässt den Raum. Als er nach fünf Minuten wiederkommt, strahlt er über das ganze Gesicht und verkündet uns, dass er vor einer Stunde Vater geworden sei. Er

packt den verbliebenen Rest von Würstchen und Semmel, tunkt sie in mein Weinglas und ruft: »Das Leben ist schön!« Aus lauter Freude nimmt er eine Kollegin in den Arm und tanzt durch das Lokal. Die anderen Leute schauen erst ein wenig tadelnd, aber dann ist es, als lege sich Minute für Minute der Widerschein seines Glücks auf alle anderen Gesichter. Das Leben ist schön!

HINTERGRUND

Es gibt Momente, auch im Zusammenleben mit Kindern, in denen es ganz nützlich ist sich zu erinnern, dass wir nicht als isolierte Wesen auf dieser Welt leben, sondern eingebunden und eingebettet sind in Beziehungen zu anderen. Die »anderen« können nicht nur der Partner oder die Partnerin, Kollegen und Freunde, Verwandte oder Nachbarn sein. Dieses Eingebundensein können wir auch erleben in Verbindung mit der Natur in allen ihren Erscheinungsformen.

Selbst wenn diese Verbindung im Erwachsenenalter manchmal etwas verloren gegangen scheint: In der Erinnerung an die eigene Kindheit tauchen bei den meisten Menschen Bilder und Gedanken an solche Momente auf. An einen Lieblingsplatz im Wald, der die perfekte Kulisse für Cowboy-und-Indianer-Spiele bot. An einen Bach, an dem ein kleiner Staudamm gebaut wurde. An einen alten Baum, unter dessen beschützenden Zweigen man sich zurückziehen und den man um Rat fragen konnte, wenn man sich mit dem besten Freund zerstritten hatte.

Auf Nachfragen erinnern sich viele Erwachsene daran, dass sie als Kinder Helfer oder Ratgeber in der Natur hatten.

In den indianischen Kulturen war und ist es zum Teil heute noch üblich, jedem Menschen am Tag seiner Geburt ein Krafttier als Helfer zur Seite zu stellen. Im Laufe seines Lebens gesellten sich mitunter weitere Krafttiere hinzu. Die Indianer-Völker gingen davon aus, dass jedes Tier eine »Medizin« für den Menschen bereit hält, die ihn stärkt, ihm Antworten auf seine Fragen gibt und ihm hilft, seinen Weg durch das Leben oder – wie sie es nannten – den Gang durch das Medizinrad zu beschreiten.

Auch in unseren Tagen und in unserem Kulturkreis ist die Tradition, Helfer oder Ratgeber in der Natur zu finden, noch lebendig. Vielleicht fällt Ihnen wieder ein, welche Helfer in Ihrer Kindheit für Sie oder für Ihre Freunde und Freundinnen da waren. Vielleicht hat Ihnen die Großmutter etwas über Schutzengel erzählt. Vielleicht hatten Sie einen Teddybären, dem Sie abends von Ihrem Kummer berichtet haben. Oder Ihr Hamster oder die Katze haben Ihnen zugehört, wenn Sie von einer schlechten Schulnote berichtet haben. Und vielleicht haben Sie auch als erwachsener Mensch Ihren persönlichen Helfer oder Ratgeber, der Ihnen zur Seite steht, wenn die Menschen, die Ihnen nahe stehen, sich möglicherweise in ihrer Rolle als Helfer überfordert fühlen.

sich einlassen

Wir möchten Ihnen ein paar Möglichkeiten vorschlagen, wie Sie ganz bewusst wieder Helfer entdecken und engagieren können.

Die Antwort des Baumes

Wählen Sie eine Frage aus, auf die Sie selbst noch keine Antwort gefunden haben. Das kann eine Frage zu Ihrem Beruf, zu Ihrer Beziehung, zu einer wichtigen Entscheidung in Ihrem Leben sein. Suchen Sie einen Tag aus, an dem Sie sich die Zeit nehmen, ganz für sich alleine zu sein und gehen Sie in die Natur. Gehen Sie zu einem Baum, der ihnen besonders gut gefällt, der sie aus irgendwelchen Gründen anzieht – sei es, weil Sie ihn schon länger kennen oder weil sie ihn gerade an diesem Tag neu entdecken.

Während Sie auf diesen Baum zugehen, können Sie ihn bereits begrüßen, ganz als sei er ein Freund. Lehnen Sie sich

118

an seinen Stamm. Lassen Sie Ihre Atmung zur Ruhe kommen und auch sich selbst. Erinnern Sie sich an Ihre Frage und warten Sie ab, was passiert, wenn Sie so tun, als würde der Baum Ihnen auf diese wichtige Frage antworten.

Wenn Sie mögen, schreiben Sie die Antwort des Baumes in Ihr Geschichtentagebuch.

Die zwei Seiten des Steins

Und mag es noch so merkwürdig klingen – auch ein Stein hält eine Antwort auf Ihre Fragen bereit. Suchen Sie sich den besten Stein, den Sie irgendwo draußen finden können. Im Wald, an einem Bachlauf oder in Ihrem eigenen Garten. Legen Sie den Stein auf den Tisch und greifen Sie abermals Ihre Frage auf. Gehen Sie einfach davon aus, dass der Stein Ihnen antworten wird und lassen Sie Ihre Gedanken treiben. Notieren Sie auf eine linke Seite in Ihrem Tagebuch all die Gedanken, die Ihnen während Ihrer Zeit mit dem Stein kommen, die Aussagen, die der Stein getroffen hätte, wäre er in der Lage zu sprechen.

Drehen Sie dann den Stein auf die andere Seite und wiederholen Sie den gleichen Ablauf. Lassen Sie sich überraschen, welche Antwort die »Kehrseite« des Steins für Sie vorbereitet hat.

Schreiben Sie diese Antwort auf die rechte Seite des Tagebuches. Sie können entweder gleich oder auch am nächsten Tag die unterschiedlichen Antworten auf sich wirken lassen.

Geschichten sind überall …

Meine Tochter beklagte sich eines Tages, dass viele Erwachsene rücksichtslos auf Kinder reagieren würden. Sie war am Tag zuvor mit ihrer Freundin in der Fußgängerzone unterwegs gewesen und wurde verschiedentlich einfach »übersehen« und angerempelt.

Ich wollte verhindern, dass sich in ihr die Überzeugung festsetzte, alle Erwachsenen wären rücksichtslos, und verriet ihr meine Strategie, wenn sich Menschen, ohne einen Blick auf ihre Mitmenschen zu haben, ihren Weg suchen.

Ich erzählte, dass ich mir in solchen Fällen einfach vorstellte, ein großer, starker Braunbär ginge an meiner Seite und beschütze mich. In besonderen Fällen würde er sogar knurren und mir die Ellenbogen der rempelnden Mitmenschen mit allen seinen Kräften vom Leibe halten.

Meine Tochter belustigte diese Vorstellung und sie meinte, ein Versuch wäre es durchaus wert. Wir gingen also zusammen durch dieselbe Fußgängerzone, ich auf ihrer linken Seite und auf der rechten Seite »der Braunbär«. Das Spiel funktionierte fast immer. Die einzige Klage, die meine Tochter vorbrachte, war, dass zwar alle Menschen reagierten, nicht aber die störrischen Straßenlaternen. Doch auf diese kleine Einschränkung konnte sie sich einlassen.

Das Krafttier

Es gibt mehrere Möglichkeiten, den Kontakt zu seinem persönlichen Krafttier zu finden. Eine davon ist folgende:
Stellen Sie sicher, dass Sie in einem Raum, in dem Sie sich wohlfühlen, für einige Zeit ungestört sind. Machen Sie es sich bequem, entspannen Sie sich, lassen Sie Ihren Atem in ruhigen Bewegungen ein- und ausfließen. Lassen Sie Ihren persönlichen Lieblingsort vor Ihrem inneren Auge auftauchen. Schauen Sie sich in aller Ruhe an, was es dort zu sehen gibt; hören Sie hinein, welche Geräusche und Töne dort im Vordergrund sind; spüren Sie nach, wie es ist, sich dort, an diesem Lieblingsort frei zu bewegen. Vielleicht gibt es außerdem spezielle Geräusche oder sogar Gerüche, die diesem Ort eigen sind und die Sie jetzt wahrnehmen.

sich einlassen

Wenn Sie ganz dort sind und sich wirklich wohlfühlen, richten Sie einen Blick auf die Ferne. Manches Mal ist es ein Geräusch, mit dem das Krafttier seine Ankunft signalisiert, manches Mal ist es ein Punkt in der Weite, der langsam Konturen zeigt und erkennen lässt, welches Tier sich ankündigt. Lassen Sie es – langsam oder schnell – ganz wie es passend ist – auf Sie zukommen. Und so wie es Ihrem Rhythmus, Ihrem Tempo, Ihrer Art entspricht, nehmen Sie Kontakt mit Ihrem persönlichen Krafttier auf. Wenn Sie möchten, fragen Sie es, welche Fähigkeiten, welche Botschaften, welche Antworten es für Sie bereit hält.

Und nicht nur, weil es sich um ein indianisches Ritual handelt: Danken Sie dem Krafttier am Ende, dass es in Ihr Leben gekommen ist.

Eine kurze Zwischenfrage:

Denken Sie noch einmal an die Geschichte zu Beginn dieses Kapitels, an die Frau, die als Ausländerin in der Schweiz lebte.

Wie, glauben Sie, würde sich Ihr Leben verändern, wenn Sie überzeugt davon wären, dass Sie immer Hilfe finden, wenn Sie sie brauchen?

Die Schatzsuche

Suchen Sie sich einen weiteren guten Ratgeber. Das mag ein Baum, ein Stein, ein Wasserfall, ein Vogel oder ein Schmetterling sein oder jemand, der Ihnen sonst nahe steht.

Gehen Sie in der vorher beschriebenen Weise vor. Entspannen Sie sich, kommen Sie zur Ruhe, atmen Sie tief durch – und stellen Sie die Frage, welchen besonderen Schatz Ihr Kind mit in die Welt gebracht hat. Welches Geschenk es für Sie mitgebracht hat, welches seine besondere Eigenschaft oder Fähigkeit ist, von der selbst Sie, als erwachsener Mensch, viel lernen können.

(Wenn Sie darauf eine Antwort bekommen haben, dann sollten Sie Ihrem Kind von Ihrer Schatzsuche und der gefunden Kostbarkeit erzählen. Wird Ihr Kind dann neugierig und will es auch auf einen Abenteuertrip gehen, um zu entdecken, welchen Schatz Mama oder Papa zu bieten haben, dann helfen Sie ihm beim Start. Sie wissen ja, wie es geht.)

Geschichten sind überall …

Die Steine

Es war einmal ein Kind. Ob Junge oder Mädchen, weiß ich nicht mehr. Es war mit seinen Eltern in die Ferien gefahren. Und es waren wunderbare Ferien. Die Familie wohnte auf einem Bauernhof inmitten einer schönen Landschaft, die ganz viele Gelegenheiten für alle möglichen Spiele bot: Es gab Wälder mit Hochsitzen und Himbeeren, kleine Bäche und einen großen See, Wiesen mit Blumen und Rehen und zotteligen Rindern. Bauernhöfe und kleine Dörfer, einsame Kapellen und gelegentlich mitten im Wald eine Scheune, an deren Wände die Besitzer die wundersamsten Wurzeln aus dem Wald genagelt hatten.

Voller Vorfreude auf einen neuen herrlichen Ferientag wachte das Kind jeden Morgen auf und überlegte noch im Bett, was es alles an diesem Tag unternehmen könnte: Baden gehen mit den neu gewonnenen Freunden vom Ort? Oder auf Entdeckungsreise in den Wald? Oder mit dem Bauer mit dem Traktor aufs Feld fahren? Oder … oder … oder?

Eines Tages – mehr aus Zufall – fiel ihm an seinem Lieblingsplatz im Wald ein besonders schöner Stein auf. Er war rot und seine Oberfläche von weißen Linien durchzogen. Fast glaubte man, in ihnen ein Gesicht entdecken zu können. Das Kind hielt den Stein lange in der Hand, während es dort saß und manchmal in die Wolken schaute, manchmal den Ameisen zusah, wie sie mit vereinten Anstrengungen einen toten Käfer über den Waldboden zerrten, und manchmal mit geschlossenen Augen nur den Geräuschen der Baumwipfel

lauschte. Das Kind nahm den Stein mit nach Hause und legte ihn auf seinen Nachttisch. Manchmal nahm es ihn vor dem Einschlafen in die Hand und sobald es die Augen schloss, war ihm, als wäre es wieder an seinem Lieblingsplatz im Wald, könnte riechen, fühlen, sehen, wie es dort war.

Von jenem Tag an, hatte das Kind ein besonderes Auge für schöne Steine – und davon gab es zu seinem Erstaunen überall welche. Am Badeweiher, an dem kleinen Bach, wo es so gerne Rindenschiffchen schwimmen ließ, beim Bauern auf dem Feld und an vielen anderen Plätzen, an denen es gerne war. So vergrößerte sich die Steinesammlung auf dem Nachttisch Tag für Tag. Vor allem wusste das Kind exakt, welcher Stein zu welchem Platz und zu welchem Erlebnis gehörte.

Leider kommt auch in den schönsten Ferien der Tag der Abreise. Da das Kind nicht so genau wusste, wie die Eltern auf eine schwere Tüte Steine als Extragepäck reagieren würden, versteckte es schon vorher seine Schätze: Ein paar im Rucksack, ein paar im Werkzeugkoffer seines Vaters, auch unter den Vordersitzen des Autos fand sich ein geheimes Eckchen, und ein paar kamen in seinen Koffer. Als sie wieder zu Hause waren, sammelte das Kind sorgsam alle Steine ein und verwahrte sie in einer großen Kiste in seinem Zimmer.

Dann ging die Schule los. Das Kind verbracht viel Zeit mit seinen alten Freunden und so dauerte es eine Weile, bis es wieder an seine Steine dachte und sie aus der Kiste im Schrank hervorholte. Aber es waren nicht mehr die Steine aus den Ferien. Die Farben waren verblasst, die Oberfläche ausgetrocknet, die Zeichnungen darauf nur noch mit Mühe zu sehen. Wenn es ein wenig Spucke nahm und sie nass machte, dann leuchteten sie genauso wie damals, als es sie gefunden hatte. Doch nur ein paar Minuten später waren sie wieder grau und trocken.

Weil es gerne seinen Freunden die Steine zeigen und ihnen von all den Plätzen und Erlebnissen seiner Ferien erzählen

wollte, fing das Kind an auszuprobieren, wie es den Steinen ihren alten Glanz zurückgeben konnte: Es probierte das Haarspray und den Nagellack der Mutter, polierte mit Butter, Margarine und Kokosfett, mit Sonnenblumen- und bestem Olivenöl. Sogar das Motorenöl, wie auch verschiedene glänzende und matte Lacke aus Vaters Werkstatt wurden getestet. Was schließlich am besten wirkte, war farblose Schuhcreme, gut nachpoliert. Damit waren die Steine so leuchtend und farbenfroh wie damals, als es sie gefunden hatte.

Das Kind war sehr zufrieden, dass es dieses Mittel endlich entdeckt hatte und lud seine besten Freunde ein, um ihnen seine Steine zu zeigen. Dann saßen sie alle auf seinem Bett, in der Mitte die vielen Steine und das Kind nahm einen nach dem anderen in die Hand und erzählte die entsprechende Geschichte. Es war ganz merkwürdig: Es brauchte nur einen bestimmten Stein in die Hand zu nehmen und einen Moment die Augen zuzumachen, dann war es wieder an dem Ort, an dem es den Stein gefunden hatte und konnte so lebendig erzählen, dass die Freunde selber die Ameisen sehen, das Wasser des Sees fühlen oder das Tuckern des Traktors hören konnten.

Das brachte das Kind auf eine neue Idee. Zum Abschied schenkte es jedem seiner Freunde den Stein, der ihm am besten gefallen hatte. Denn es wusste jetzt: Die Plätze seiner Ferien trug es in sich und es konnte jederzeit in Gedanken dahin zurückgehen – auch ohne Steine.

8

Autorität und Respekt, Führen und Loslassen

Er-Ziehen statt Er-Drücken

Zwischen diesen Polen bewegt sich jede gelungene Kommunikation, ob man sie im Einzelnen Lehren, Erziehen, Geschichtenerzählen oder sonst wie nennt. Wenn ich jemandem etwas beibringen will oder sein Denken oder Verhalten in einer bestimmten Richtung beeinflussen will, muss ich ein Gleichgewicht finden zwischen meiner Autorität als Lehrender bzw. Erziehender und dem Respekt vor der Einzigartigkeit des Menschen, mit ich zusammen bin.

Ich muss gleichzeitig »führen«, das heißt Wege zeigen, Lösungen bieten, Konsequenzen klarmachen – das ist meine Aufgabe als Lehrer oder Erzieher –, und »loslassen«, sprich die Wahl der Wege, der Lösungen verlangt, die Konsequenzen dem Anderen zu überlassen. Das erfordert die Achtung vor der Einmaligkeit meines Gegenübers. Geschichten sind seit jeher eines der idealen Mittel gewesen, wie Lehrende mit besonderer Eleganz diesen Balanceakt zwischen Autorität und Respekt, zwischen Führen und Loslassen gemeistert haben.

Während meiner mehrjährigen Fortbildungszeit zur NLP-Trainerin und Lehrtrainerin war ich in der vorteilhaften Lage, verschiedene Lehrtrainerinnen und -trainer kennen zu kernen. Ich selbst erfuhr so viele unterschiedliche Methoden, um Wissen zu vermitteln und eine Basis für erfolgreiches und eigenverantwortliches Lernen zu schaffen, wie Trainer und Trainerinnen in den Kursen waren. So unterschiedlich die Personen auch waren, eines hatten sie alle gemeinsam: Sie nutzen das Medium Geschichten, um uns (erwachsenen) Schülerinnen und Schülern kompliziert erscheinende Inhalte nahe zu bringen und uns zu ermutigen, unseren eigenen Erfahrungsschatz zu bereichern.

Exemplarisch für alle meine Lehrmeister und -meisterinnen möchte ich von zweien erzählen.

Eine ist Dr. Gundl Kutschera, die in ihrer mitreißenden charismatischen Art schwierige Inhalte in leichtes Lernen zu verwandeln vermag. Es konnte vorkommen, dass sie mitten im Satz unterbrach, wie ein junges Mädchen lachte und sagte: »Dazu fällt mir eine Geschichte ein.« Regelmässig gingen wir dann in bequeme Zuhörerposition, um die Essenz der jeweiligen Theorien in Form amüsanter oder lehrreicher Geschichten zu erfahren. Ihre quirligen Bewegungen, ihre fröhliche Stimme und ihr österreichischer Humor trugen zweifellos zur Wirkung bei. Erfahrungsgemäß kann man sich derlei Erzählungen leicht merken und dennoch direkt mit dem Wissensstoff in Verbindung gebracht, sodass sie im richtigen Moment abrufbereit sind. Eine wunderbar einfache Methode, komplizierte Inhalte zu speichern.

Ganz anders hingegen erzählte Fréderic Lehmann, mit dem zusammen dieses Buch entstand.

Häufig passierte es, nachdem komplexe Strukturen oder Inhalte erklärt wurden, dass er ruhig und besonnen in die Runde schaute. Und plötzlich wich der Ernst einem verschmitzten Lächeln, das sich Sekunden später auf alle Anwesenden übertrug, wenn er verkündete: »Dazu gibt es natürlich eine schöne Geschichte …«.

Interessanterweise sind auch seine Geschichten nicht nur mit dem jeweiligen theoretischen Inhalt, sondern auch stets mit der Wirklichkeit der Teilnehmer und Teilnehmerinnen so verwoben, dass jeder seine Möglichkeiten finden kann, sie ins persönliche Lebensumfeld zu übertragen und eigene Handlungsmöglichkeiten zu entwickeln.

Vielleicht kennen Sie selbst solche Menschen, ob Lehrer, Freunde, Bekannte, Großeltern oder auch prominente Persönlichkeiten, die das Erzählen meisterlich beherrschen und ihre Zuhörer nicht nur fesseln und faszinieren können, sondern vor allem deshalb glaubwürdig auftreten, weil sie ihre ganz individuelle Art und Weise gefunden haben, mit Sprache so kunstvoll umzugehen, dass sich jeder einzelne Zuhörer angesprochen fühlt.

Da es sich beim Geschichtenerzählen ebenfalls um eine Form von Kommunikation handelt, kann es zu den gleichen Störungen oder Missverständnissen wie bei jeder Unterhaltung kommen. Und genauso können Sie dem entgegenwirken. Die Rückmeldungen des Zuhörers erfolgen in

Sekundenschnelle. Sie können Ihrem Gegenüber aus dem Gesicht ablesen bzw. an seinen Reaktionen erkennen, welche Botschaften oder Inhalte ankommen und welche auf Unverständnis stoßen oder Fragen aufwerfen. Wenn Sie also bemerken sollten, dass eine Geschichte nicht die Wirkung zeigt, die Sie sich erhofft haben, probieren Sie eine andere oder geben Sie der eben begonnenen Erzählung einen neuen Ausgang.

Dabei ist es nicht von Bedeutung, ob Sie Erwachsenen oder Kindern Geschichten erzählen. Im Umgang mit Kindern jedoch hat ein Aspekt besonderes Gewicht:

Die Welt, die wir als die reale Welt bezeichnen und die Welt der Fantasie sind für Kinder gleich wichtig und gleich bedeutend. Die Erlebnisse und Erfahrungen, die ein Kind in der Fantasiewelt macht, werden mit in die reale Welt genommen und zeigen dort ihre Auswirkungen. Selbst wenn für viele Erwachsene diese Verknüpfung unterbrochen scheint, für Kinder gibt es Brücken von der einen in die andere Welt.

Die Übergänge lassen sich auch für Erwachsene herstellen. So kann das Muster des Teppichs, auf dem Sie mit Ihrem Kind sitzen, im wahrsten Sinne des Wortes dazu dienen, Sie in eine andere Welt eintauchen zu lassen oder auf diesem Teppich in das Land zu fliegen, in dem er geknüpft wurde. Mitunter können sogar Erwachsene bei diesen Reisen dazulernen ... über die Schätze, die in der anderen Welt verborgen liegen und wie viele davon wir in diese Welt herüber holen können.

Auch Geschichten verdienen Respekt

Mit Geschichten können Sie unendlich viel anstellen – sie sind sehr geduldig. Wir haben Sie in den letzten Kapiteln wiederholt dazu ermuntert, die Geschichten zu verändern, andere Personen einzufügen, der Handlung einen anderen Ausgang zu geben usw. Das mögen Geschichten – weil sie selbst lebendig sind.

Aber seien Sie auf eines gefasst: Ihr Kind wird Sie damit überraschen, dass es eine Geschichte haarklein und mit denselben Worten wieder hören will wie beim ersten Mal, wenn Sie ihm nicht sagen, dass das ein neues Spiel ist.

Darüber hinaus verlangen Geschichten durchaus eine gewisse Sorgfalt seitens des Erzählers, damit sie ankommen und ihre Wirkung entfalten können. Wir haben Ihnen im Folgenden ein paar Hinweise dafür zusammengestellt, die Sie sich immer wieder einmal ins Gedächtnis zurückrufen können und die Ihren Weg zum Geschichtenerzähler leichter machen werden.

Es ist nicht egal, … wozu Sie Geschichten erzählen

Manchmal macht es Spaß, einfach nur zu fabulieren oder gemeinsam spielerisch Geschichten zu entwickeln. Und ein andermal gibt es ein spezielles Ziel, das mit dem Erzählen verfolgt wird.

Damit bewegen Sie sich wieder zwischen den beiden Polen »Führen« und »Loslassen«, mal mehr in die eine, mal mehr in die andere Richtung. Während es für die Fantasie- und Fabulierspiele oft genügt, nur einen winzigen Anstoß zu geben und dann »loszulassen« und selbst mitzuspielen, »führen« Sie weitaus konsequenter bei den zielgerichteten Geschichten, weil Sie dem Kind/Zuhörer eine bestimmte Idee oder Lösungsmöglichkeit nahe bringen wollen. »Loslassen« müssen Sie aber trotzdem, wenn die Geschichte zu Ende ist. Was Ihre Zuhörer aus der Geschichte machen, welche Schlüsse Sie daraus ziehen, das haben Sie nicht mehr in der Hand.

✘ Fabulieren und Spielen

Eine einfache Marmortreppe weist bei näherem Betrachten nicht nur ein ganz spezielles Muster auf, sondern es können sich nach und nach Figuren, Tiere, Bäume, Menschen in diesen Mustern zeigen. Auch in der Maserung eines Holzfußbodens verbergen sich vielleicht eigentümliche Lebewesen, die etwas zu erzählen haben. Auf diese Weise lassen sich Wartezeiten, zum Beispiel beim Arzt, gut und kurzweilig überbrücken.

✘ Zielorientiertes Erzählen

Auch Kinder verfügen bereits über die Fähigkeit, Lösungen für Probleme zu finden. Häufig fehlt ihnen allerdings der Mut oder das Selbstvertrauen, ihre Gedanken umzusetzen. Da kann eine Geschichte oft weiterhelfen, indem sie Hinweise gibt oder Modelle bereitstellt.

Nehmen wir schlechte Träume. Sie enden meist abrupt und lassen den Träumer dann aufwachen, wenn die Anspannung am größten ist und das negative Ereignis seinen Höhepunkt erreicht hat. Gemeinsam lässt sich aber ein schlechter Traum sogar noch im Wachzustand zu einem glücklichen Ende bringen, in dem man ihn einfühlsam weitererzählt.

Es ist nicht egal, …
wann und wo Sie Geschichten erzählen

Es macht einen Unterschied, ob Sie morgens nach dem Aufwachen erzählen, während eines Spaziergangs, beim Spielen im Sandkasten oder abends vor dem Einschlafen, wenn Ihr Kind im Bett liegt und Sie auf der Bettkante sitzen. Jeder Platz und jede Tageszeit kann geeignet sein, um eine Geschichte zu erzählen.

Die Inhalte wie auch die Form, ob spielerisch oder zielorientiert, können sich je nach Ort und Zeit unterscheiden.

Es ist nicht egal, ... wie Sie Geschichten erzählen

Der Sprechrhythmus, die Modulation Ihrer Stimme, die Pausen, die Sie während des Erzählens einlegen, spielen eine Rolle, wie die Geschichte aufgenommen wird. Probieren Sie aus, welche Stimmlage, welcher Rhythmus Ihnen am meisten liegt und was Ihrem Kind am besten gefällt. Häufig hilft einfach die Vorstellung, ein bekannter und berühmter Erzähler zu sein, um den Text interessant zu gestalten.

Beobachten Sie Ihren eigenen inneren Zustand, bevor Sie mit einer Geschichte anfangen. Wenn Sie gerade mit Ihren Gedanken ganz woanders sind oder in Eile oder wenn Sie sich kurz vorher über Ihre Zuhörer geärgert haben, dann überlegen Sie, ob es nicht besser wäre, mit dem Erzählen ein wenig zu warten. Oder ob vielleicht gerade das Erzählen Sie in eine bessere Stimmung bringt.

Es ist nicht egal, …
mit welchen Worten sie Ihre Geschichten ausschmücken

Je mehr Sie auf die unterschiedlichen sinnlich wahrnehmbaren Anteile in Ihrer Geschichte eingehen, umso leichter fällt es Ihrem Kind, sich darauf einzulassen. Was genau ist zu sehen, zu hören, zu fühlen, möglicherweise auch zu riechen oder zu schmecken? Wie sind die Farben, die Formen, die Töne, die Klänge, die Stimmen? Was fühlen die Figuren – ob Menschen, Tiere oder Pflanzen?

Die facettenreiche, sinnlich wahrnehmbare Erfahrung lässt sich in einem Spiel erleben (und üben).

Übung

Stell dir vor, nach einem langen heftigen Schauer taucht im Licht der Sonnenstrahlen ein Regenbogen am Himmel auf. Und dieser Regenbogen ist ein ganz besonderer: Er kann sprechen. Er ruft die einzelnen Mitspieler und bietet ihnen an, sich jeweils eine Farbe des Bogens auszusuchen. Wenn sie ihre Wahl getroffen haben, lädt er sie ein, auf dieser farbigen Bahn des Bogens hochzusteigen. Die Spieler können sich nun gegenseitig beschreiben, wie es ist, auf dieser Farbspur zu gehen, zu hüpfen, zu rennen … Wie fühlt es sich an? Rau? Glatt? Warm? Kalt? Macht ein Regenbogen Töne, Geräusche oder vielleicht Musik? Wie ist es, den Bogen hochzugehen und auf der anderen Seite herunterzusausen? Was passiert unterwegs?

Die Spieler können sich abwechselnd ihre Erfahrungen beschreiben.

Und häufig – Sie können es sich wahrscheinlich schon vorstellen – wird aus dieser Beschreibung wieder eine neue Geschichte …

Geschichten dienen immer als Angebote. Angebote, zu denen der Zuhörer Ja oder Nein sagen kann. Und es spielt überhaupt keine Rolle, in welchem Alter er ist, ob Kind oder Erwachsener. Von solch einem Angebot handelt die folgende Erzählung.

sich einlassen

137

Geschichten sind überall …

Vom Esel, der nur gelernt hatte, iii-Ja zu sagen

Es war einmal ein kleiner Esel. Sein Fell hatte eine schöne hellgraue Farbe und über die Mitte seines Rückens zog sich ein dunkelbrauner Streifen. Das Eselchen lebte mit seiner Mutter und seinem Vater bei einem Händler, der die Tiere alle seine Waren tragen ließ, wenn er von Markt zu Markt zog. Wollte er viele Waren mitnehmen, dann mussten sie auch den Wagen ziehen. Der Händler hatte sich sehr gefreut, als der kleine Esel geboren wurde. Denn wenn er erst einmal größer ist, so dachte er sich, dann kann ich auch ihn benutzen, um weit mehr Sachen zu transportieren, und ich werde dadurch reicher.

Aber soweit war es noch nicht. Erst einmal musste der kleine Esel wachsen und alles lernen, was man für das Leben eines großen Esels brauchte. Und da es für die Tiere keinen Kindergarten und keine Schule gibt, nahm er sich seine Eltern als Beispiel und lernte von ihnen: Langsam und anmutig einen Schritt vor den anderen zu setzen oder wild über ein großes Feld zu galoppieren, den Kopf ganz hoch zu tragen oder tief gebeugt, die besten Kräuter auf der Wiese zu finden und wie ein Esel zu reden: iii-Ja, iii-Ja.

Als es dann soweit war, dass er alles konnte, merkte das auch der Händler. Beim nächsten Markttag durfte er zum ersten Mal ganz alleine einen Sack tragen. Und weil er das erste Mal freudig iii-Ja gesagt hatte, bekam er das nächste Mal gleich zwei Säcke zu tragen. Und wieder sagte er iii-Ja, selbst als er merkte, dass die Last mit der Zeit ganz schön schwer wurde. Der Händler aber war sehr zufrieden. Jetzt hatte er einen dritten Esel, den er beladen konnte, und packte ihm immer mehr auf: noch eine Stoffrolle zu den zwei Säcken, noch zwei schwere Taschen mit Gemüse, noch einen großen Korb mit Kartoffeln. Und der junge Esel, der ja nichts anderes gelernt hatte, sagte dazu immer nur iii-Ja.

138

Bis eines Tages seine Kräfte versagten. Es war auf dem Weg zu dem am weitesten entfernten Markt. Sie stiegen gerade einen ziemlich steilen Berg hinauf, als das Eselchen vor lauter Müdigkeit und Schwäche irgendwie seine Beine durcheinander brachte, hinfiel und unter seiner ganzen Last einfach liegen blieb. Der Händler war wütend und schlug auf seinen Rücken ein, aber es half nichts. Der Esel blieb auf dem Weg liegen und ließ die Schläge über sich ergehen. Bis schließlich der Händler einsah, dass er alle Säcke und Taschen und Körbe abladen und in einem Gebüsch verstecken musste, wollte er an diesem Tag überhaupt noch zum Markt kommen.

Sehr erleichtert rappelte sich der kleine Esel auf und trabte fröhlich hinter den beiden anderen, schwer bepackten Eseln und dem Händler her. So war er ausgeruht und sehr unternehmungslustig, als sie auf dem Markt ankamen. Er sah sich alle Stände an, bekam von einer Bauersfrau sogar eine Mohrrübe geschenkt und traf schließlich ganz am Ende des Marktes einen anderen Esel. Er war schon ganz alt, sein Fell stumpf und zottelig. Aber der kleine Esel fühlte sich gleich zu ihm hingezogen und ohne lang zu überlegen, erzählte er, was ihm auf den Herweg zugestoßen war. Der alte Esel nickte ein paarmal mit dem Kopf und schaute so, als erinnerte er sich an ähnliche Erlebnisse. Dann sagte er: »Hör zu! Ich kann dir etwas beibringen, was dir hilft, solche Situationen in Zukunft zu vermeiden. Es ist schwer, aber wenn du es lernst und dann auch tust, wirst du in Zukunft immer nur so viel tragen, wie du willst und wie es dir Spaß macht. Also: Willst du?«

Der kleine Esel nickte und rief so laut iii-Ja!, dass sich die Marktleute in der Nähe ganz verwundert nach ihm umdrehten.

Daraufhin flüsterte der alte Esel: »Es gibt ein Zauberwort, das deine Eltern vergessen haben dir beizubringen und das nur ganz wenige Esel aussprechen können. Dieses Wort heißt: iii-Nein. Sag es einmal nach!«

Der kleine Esel versuchte es, aber weil er immer gewohnt war, iii-Ja zu sagen, klang das, was er herausbrachte, eher wie iii-Jein. Und er musste ein paarmal üben, bis er deutlich iii-Nein rufen konnte. Und die Marktleute lachten noch lange über die Versuche des kleinen Esels, denn sie hatten ihr Leben lang noch nie einen Esel iii-Nein schreien hören. Der alte Esel war schließlich zufrieden mit dem jungen und winkte ihn mit dem Kopf etwas näher heran.

»Jetzt, wo du das Zauberwort gelernt hast, musst du noch eine zweite Sache lernen, bevor du es mit Erfolg anwenden kannst. Nämlich zu unterscheiden, wann es für dich richtig ist, iii-Ja zu sagen, und wann es für dich besser ist, iii-Nein zu rufen. Denn du bist der einzige, der spüren kann, was für dich gut ist. Am Anfang wirst du dich vielleicht einmal irren. Aber je mehr du es ausprobierst, desto sicherer kannst du dich auf Dein Gefühl verlassen, das dir sagt, was dir gut tut. Und du musst Deinem Herrn ein wenig Zeit lassen, sich daran zu gewöhnen, dass du jetzt entscheidest, wieviel Last für dich richtig ist und wann es zu schwer wird. Aber wenn er klug ist, merkt er bald, dass er mit einem zufriedenen Esel besser dran ist.«

Dann war auf einmal der Markt zu Ende. Alle Händler packten ihre Sachen ein, die Straßenkehrer kehrten die Abfälle zusammen und alle machten sich auf den Heimweg …

Du kannst dir jetzt ausmalen, wie der kleine Esel gelernt hat, die beiden Zauberworte richtig zu gebrauchen. Sicher kannst du daraus auch eine Geschichte machen?

iii-Nein? iii-Ja!

9

Geschichten sind Freunde und Begleiter

HINTERGRUND

Geschichten sind wirkungsvoll, heilend und bereichernd, sie vergnügen oder stimmen nachdenklich, sie regen die Fantasie an. Sie treten mit uns auf verschiedenen Ebenen in Verbindung.

Geschichten tragen auf unterhaltsame, spielerische Form dazu bei, dem Wunsch nach Gesundheit und Ganzheit näher zu kommen.

Vielleicht haben Sie – während Sie dieses Buch gelesen haben – bereits eigene Erfahrungen sammeln können oder in Ihnen sind Erinnerungen aufgetaucht, was Geschichten, Märchen oder Erzählungen in Ihrer Kindheit bewegt haben. Dann wissen Sie selbst, dass Geschichten nicht nur gehört oder gelesen werden. Ihre eigenständigen Welten offenbaren sich uns auf allen Wahrnehmungskanälen zur selben Zeit. Sie werden gesehen, gehört, geschmeckt, gerochen und gefühlt. Sie erlauben uns, sie mit allen Sinnen wahrzunehmen. Sie helfen beim Einfinden, beim Einfühlen und Nachfühlen in die Erlebniswelten derer, die innerhalb der Geschichten ihre Heimat haben. Und sie erlauben, die gemachten Erfahrungen von der Fantasiewelt in die wirkliche Welt zu übertragen und sie dort auszuprobieren.

Geschichten lassen uns in Sekundenbruchteilen Zeit- und Raumreisen von ungeahntem Ausmaß machen. Sie können Licht in dunkle Zeiten bringen. Sie vermögen Geist und Seele wohlig zu temperieren. Ihre Schwingung kann uns in die Lüfte tragen, uns schweben und abtauchen lassen zur selben Zeit.

Geschichten dienen Kindern wie auch Erwachsenen als Modell der Welt, als Modell der Wirklichkeit.

Und Geschichten haben eine Depot-Wirkung, ähnlich einer Vitaminspritze. Sie geben ihre Wirkstoffe nach und nach ab. Manche wirken ein Leben lang. Eine von diesen Geschichten möchten wir Ihnen zum Abschluss nun erzählen.

145

Geschichten sind überall …

Oma und die Wildschweine!

Während des Zweiten Weltkriegs lebten meine Großeltern mit ihrer Familie in einem kleinen Dorf. Sie besaßen einen Bauernhof, der mitten im Dorf neben der Kirche stand. Fünf Kinder hatten meine Großeltern und wie es sich für einen richtigen Bauernhof gehört, ernährte das Acker- und Weideland auch jede Menge Tiere: Kühe, Ochsen, Schweine, Pferde, Hühner, Gänse, Enten und so weiter. Kurzum: Es war viel Leben auf und um den Hof herum.

Doch wie fast überall während der Kriegszeiten schrumpfte nicht nur der Ertrag aus der Ernte, auch die Zahl der Nutztiere sank drastisch. Im Gegensatz dazu erhöhte sich die Anzahl derer, die hungrig am Esstisch saßen. Die Situation spitzte sich zu.

Eines Tages, es hätte ein ganz »normaler« Kriegstag mit allen Wirren und Sorgen in diesem kleinen Dorf sein können, machte einer der Kommandeure im Geschwader der feindlichen Luftwaffe einen vermeintlichen Fehler. Er befal den Piloten den Abwurf der Bomben, noch bevor die nächstgelegene Großstadt, die das eigentliche Ziel des Angriffs darstellte, erreicht war. Die Bomben fielen einige Kilometer vor der Stadt in den Wald, der an das Dorf meiner Großeltern grenzte. Oder vielleicht – wer mag das heute noch sagen – ließ der Kommandeur die Bomben sogar in voller Absicht dort abwerfen, wo sie wahrscheinlich keinen allzu großen Schaden anrichten konnten.

Glück war es in jedem Fall, denn Menschen wurden weder verletzt, noch getötet, Gebäude nicht zerstört. Eine massive Störung erlebte einzig und allein ein Rudel Wildschweine, das durch die einschlagenden Bomben einen solchen Schrecken bekam, dass es panikartig den Wald verließ und ins nahe Dorf flüchtete. Es war das Dorf meiner Großeltern.

Als die Bewohner die flüchtenden Schweine bemerkten, verschlossen sie Tür und Tor, holten Kinder und Alte ins Haus, brachten Tiere wie auch gefährdete Güter in die Ställe. Denn allen im Dorf war bekannt, welch ungeheure Kraft diese Viecher besaßen und dass sie, gerade wenn sie in Panik waren, alles niedertrampeln und platt walzen konnten, was sich ihnen in den Weg stellte. Man versuchte also zu retten, was zu retten war und brachte Mensch und Tier vor den wild gewordenen Schwarzkitteln in Sicherheit.

Großmutter allerdings hatte blitzartig eine andere Lösung gefunden. Als sie der Horde rasender Wildschweine ansichtig wurde, löste das in ihr seltsamerweise weder Angst noch Schrecken aus. Was auch immer es gewesen sein mochte, das ihr diese Inspiration gab: Sie sah und roch einen deftigen, saftigen Sonntagsbraten, der gerade auf vier Beinen durch das Dorf schnaubte.

Den Wink des Schicksals schnell begreifend, lief sie nach draußen, ergriff die nächste Mistgabel, derer sie habhaft werden konnte und rannte den schmackhaft anmutenden Wildschweinen hinterher. Nach kurzem Wettlauf kam sie einem Prachtexemplar nahe genug, um ihm die Mistgabel mutig und mit einem einzigen kräftigen Ruck ins Genick zu rammen. Es war auf der Stelle tot.

Was darauf folgte, nannte man damals wie heute: Schlachtfest. Und ich bin sicher, es wurde gehörig gefeiert.

sich einlassen

Übung

Zum Abschluss dieses Buches möchten wir Sie noch einmal zu einer Übung einladen. Zu einer etwas anderen Aufgabe allerdings, als Sie sie bisher kennen. Sie besteht aus der Zubereitung eines Wildschweingulasch. Das Rezept stammt von einem französischen Kriegsgefangenen namens Jean-Yves aus dem Departement Vaucluse. Er lebte im Dorf meiner Großmutter und hatte ihr während des Schlachtfestes das Rezept gegeben. Dieses wiederum hatte er von seiner Großmutter.

Das Gericht eignet sich vorzüglich zur Eröffnung eines Geschichten-Erzählabends mit Freunden, an dem zum Beispiel jeder Gast seine persönliche Lieblingsstory aus seinen Kindertagen zum Besten geben kann.

Wir haben diese Art der Übung gewählt, weil wir der festen Überzeugung sind, dass Menschen, die an einem Tisch sitzen und Essen wie auch Geschichten miteinander teilen, niemals auf die Idee kämen, Krieg gegeneinander zu führen.

Wildschwein-Gulasch / Daube de Sanglier
(für 4 Erzähler)

1 kg Wildschwein-Gulasch (größere Stücke)
1 kg Gemüse nach Jahreszeit (2 Karotten,
2 Stangen Lauch, 2 Zwiebeln)
4 Knoblauchzehen
Kräuter nach Wahl: z. B. Thymian, Rosmarin,
Salbei, Lorbeerblatt, Wacholderbeeren
5 EL Olivenöl
Salz und frisch gemahlener Pfeffer
$^1/_2$ l Rotwein

1   Das Gemüse putzen und klein schneiden. Die Zwiebeln schälen und grob hacken. Die Knoblauchzehen abziehen und in dünne Scheiben schneiden.
3 EL Olivenöl in einem großen Topf (wenn möglich aus Gusseisen) erhitzen, das Gemüse und die Zwiebeln zugeben und kräftig anbraten. Mit Wasser aufgießen und bei großer Hitze so lange kochen lassen, bis die Flüssigkeit fast verdampft ist. Dann wieder Wasser aufgießen und die Prozedur zwei bis dreimal wiederholen.

2   Das Gemüse aus dem Topf nehmen. In den noch heißen Topf das restliche Olivenöl geben und erhitzen. Das Fleisch gut pfeffern und im heißen Fett scharf anbraten. Danach das Gemüse zugeben. Mit Wasser und Rotwein bedecken. Danach 2–3 TL Salz und den in Scheiben geschnittenen Knoblauch sowie die gehackten Kräuter zugeben. Auf kleinster Flamme mindestens drei Stunden köcheln lassen.

3   Sollten Sie keinem Wildschwein begegnen oder falls doch, gerade keine Mistgabel zur Hand haben, können Sie das Gericht mit Rindfleisch zubereiten. Es schmeckt dann nicht ganz so wie bei Großmutter. Aber immer noch sehr gut.

Bon appetit!

Bildnachweis

Wir danken für die Zurverfügungstellung der Fotos:

Florentine Schwabbauer
> Titel, 2, 10, 12, 22, 35, 40, 52, 64, 66, 74, 96,
> 105, 110, 130,136, 150, 157

Hansjörg Künzel
> 98, 114, 116, 144

Volker Derlath
> 121

Yvonne Heizinger
> 91, 139

Fréderic Lehmann
> 18, 19, 20, 21

Susanne Heim
> 38

Bernard Pasche
> 108, 109

Andreas M. Gross / via
> 24, 47, 54, 68, 78, 126, 128

Cathleen Naundorf / via
> 42, 49, 80, 124, 142

Trudie Trox / via
> 112

Literatur-Empfehlungen

Wenn Sie Lust haben, mehr über Geschichten zu erfahren, empfehlen wir Ihnen einen Blick in die folgenden Bücher. Manche sind geschrieben für Erwachsene, manche für Kinder. Und manche für alle.

Lewis Carroll, »Alice im Wunderland«, Dressler Verlag, Hamburg, 1990

Bernard Werber, »Das Buch der Reise«, Kabel Verlag, Hamburg, 1998

Jean Houston, »Der mögliche Mensch. Handbuch zur Entwicklung des menschlichen Potentials«, Sphinx Verlag, Basel, 1984

Masters/Houston, »Phantasiereisen«, Kösel Verlag, München, 1984

Tad James, »Time-Coaching«, Junfermann, Paderborn, 1992

Jean Giono, »Der Mann, der die Bäume pflanzte.« L'homme qui plantait des arbres, Ch. Pixis, München, 1998

Michael Ende, »Momo«, K. Thienemanns Verlag, Stuttgart, 1973

David Gordon, »Therapeutische Metaphern«, Junfermann, Paderborn, 1986

Wa-Na-Nee-Che, »White Eagle Medizinrad«, Bauer Verlag, Freiburg, 1997

Gundl Kutschera, »Tanz zwischen Bewußtsein und
Unbewußtsein«, Junfermann, Paderborn 1994

Gundl Kutschera, Peter Bachler, »Resonanz lernen«,
Junfermann, Paderborn 1995

Gundl Kutschera, Roswitha Carl, Simone Pfeffer,
»Resonanz in Partnerbeziehungen«, Junfermann,
Paderborn, 1995

Gundl Kutschera, Eva-Maria Harbauer, »Resonanz und
die Kraft Deiner Quelle«, Junfermann, Paderborn 1996

Gundl Kutschera, Eva-Maria Harbauer, »In Resonanz
leben und den Neubeginn wagen«, Junfermann,
Paderborn 1997

Wilhelm Busch, Barbara van den Speulhof,
»Das Max & Moritz Kochbuch«, Lappan Verlag,
Oldenburg, 1999

Register

A

Alltagssprache 26
Angst 45
Anregungen sammeln 16
Assoziationen 44
Aufmerksamkeit 44
Autorität 129, 131

B

Beziehungen zu anderen 117
Bilder, innere 30
Blockade 59

D

Denkansätze,
veranschaulichen 8

E

Ebenen, logische 56
Erfahrungstransfer 133
Erlebnistransfer 133
Erlebniswelten 145
Erzählen, zielorientiertes 135
Erzählsituation 135

F

Fabulieren 135
Fähigkeiten 57, 60
Fantasie 30, 31, 133
Fantasiereiche 44
Führen 129, 134

G

Gebrauch 23
Gedankenreise 61
Geschichten erfinden 15, 56

Geschichten

Geschichten, 16, 41, 53
Aufbau 46
Langzeiteffekt 145
Struktur 46, 57
Wirkung 132, 145
zielgerichtete 134
Geschichtentagebuch 16
Gespräche 25
Glaubenssätze 58, 60

H

Handeln,
eigenverantwortliches 86
Helfer in der Natur 117
Hypnotische Effekte 29

I

Identität 58, 60
Intuition 55
Inhalte speichern 132

K

Kindheitserfahrungen 33
Kindheitserinnerungen 117
Kommunikation, 25, 30, 131
innere 30
positive 29
Konflikte 71
Konzentration 44
Kreativität, 15, 97, 100
entdecken 97

L

Lebenskontext 57
Lebensumfeld 132
Lernen, 61
eigenverantwortliches 131

Lernerfahrung 62
Lernmuster 62
Lernprozesse 61
Loslassen 129, 134

M

Märchen 45, 46
Metaphern 44, 56
Mosaik-Spiel 76

N

Natur 117
Nutzen-Analyse 88

O

Ökologie 87

P

Positionswechsel 75
Problembewältigung 45
Prozesse, innere 44

R

Ratgeber in der Natur 117
Realitäten schaffen 32
Respekt 129
Rollenspiel 62
Rückmeldungen
    des Zuhörers 132

S

Sicht, objektive 72
Sinneseindrücke 137, 145
Sinnfragen 58
Spannungen 14
Spaß am Spielen 34, 100
Spielen 135
Spielideen 100
Spontanität 34
Sprache 23, 100
Sprechrhythmus 136

Standpunkt 70
Steuern,
    von Gedanken 28
    von Handlungen 28
Stimme 136
Struktur 53
Symbole 16, 44
Symbolhaltigkeit 44

T

Trainingseffekt 45

U

Umfeld 57, 59
Unterbewusstsein 8, 85

V

Verantwortung 86
Verhalten 57, 59
Verhaltensanalyse 88
Verständnis,
    für Kinder 14, 69
Vorbereitung, mentale 32
Vorstellungen, innere 31, 32

W

Wahrnehmung, 31, 67, 145
    äußere 31
    innere 31
Wahrnehmungsposition,
    Erwachsener 72
    Kind 72
    objektiver Dritter 72
Weg 11
Werte 58, 60
Wirkung 23, 41

Z

Zeitrahmen 88
Ziele, 79
    definieren 83

Liste der Geschichten

Dem Tanz der Libelle folgen 13
Der Kirschbaum 18
Der Flügelschlag des Kolibris 25
Die Stadträte 30
Besser werden oder: Die Geschichte von Sabine 34
Das Haus 37
Stark und flink wie ein Pferd 43
Die Geschichte vom Adler, der glaubte,
    er könne nicht fliegen 48
Vom Tagwerk des Teppichwebers 55
Es war einmal eine Quelle 63
In den Mokassins des Kindes gehen 69
Die Weihnachtsgeschichte 73
Auf eine Reise gehen 76
Der Hüter der Geschichten 81
Alice im Wunderland 84
Die Eiche 90
Die Spiele des Meistererzählers 99
Die zwei Mäuse 104
Der Betonklotz 108
Wie man eine Prinzessin wird,
    die immer Hilfe findet 113
Vom frisch gebackenen Vater 115
Das Krafttier 119
Die Steine 123
Vom Esel, der nur gelernt hatte, iii-Ja zu sagen 138
Oma und die Wildschweine! 146

Steve Biddulphs aktueller Longseller:
Das Geheimnis glücklicher Kinder

Die Paperback-Ausgabe des einmaligen Weltbestsellers eignet sich gut als Geschenk und passt in Format und Ausstattung hervorragend zu den anderen Biddulph-Titeln in der KidsWorld-Reihe

brian.bade@schering.de, Berlin 9.8.1999

»Das Buch ist einfach klasse. Meine Frau brauchte ca. 3 Monate, um mich davon zu überzeugen, es zu lesen. Aber dann las ich doch mal eine Seite (im Urlaub) und es wurden schließlich alle … mein Tipp an die Jugendämter: Gebt das Buch verzweifelten Eltern kostenlos mit. Ihr spart Euch damit mindestens das 1000-Fache an Arbeit!«

Saarländischer Rundfunk

»Wenn Sie dieses Buch mit seinen gut strukturierten Kapiteln lesen, werden Sie buchstäblich die stützende Hand auf Ihrer Schulter spüren.«

199 S. 77 farbige Ill. Pb. 15 x 23 cm DM 24,80, sFr 23,00, öS 181,00 ISBN 3-89530-000-4

Steve Biddulphs Folgeband zu
Das Geheimnis glücklicher Kinder

gibt Antwort auf zwei der drängensten Fragen heutiger Erziehung:

Wie können Eltern lernen, Disziplin und Gehorsam von ihren Kindern zu fordern, ohne auf physische Gewalt oder Einschüchterungen zurückzugreifen?

Wie können Eltern ermuntert werden, ihre Kinder selbst zu erziehen und die Aufgabe nicht anderen Personen zu überlassen?

In diesem Ratgeber macht Steve Biddulph verblüffenderweise klar, dass Eltern Disziplin nur erfolgreich einfordern werden, wenn sie ihren Kindern sowohl »sanfte« als auch »standfeste Liebe« entgegenbringen. Und die Biddulphsche »Strafmaßnahme« »Stillstehen und Nachdenken« zeigt, dass Gehorsam ein Lernziel hat – nämlich das Kind zur eigenständigen Verhaltenssteuerung anzuregen.

Neben so ungewöhnlichen Vorschlägen wie Gehälter für Eltern stellt Steve Biddulph auch seine Position zur Fremdbetreuung von Babies und Kleinstkindern zur Diskussion: Kinder bis drei Jahre sollten dauerhaft, nur wenn unbedingt notwendig, nicht von Erwachsenen, die eine emotionale Bindung zu dem Kind aufgebaut haben (wie die Eltern), betreut werden.

208 S. 50 farbige Ill. Pb. 15 x 23 cm DM 24,80 sFr 23,00 öS 181,00 ISBN 3-89530-020-9

158

Clark/Ireland

Sprechen lernen –
lernen durch Sprechen

Ein humorvolles, von Kerry Millard treffend illustriertes Buch voller Sprachvergnügen – und ein Lesespaß für jeden, für den Sprache mehr als nur funktionelle Kommunikation ist.

Das Buch beruht auf der Erkenntnis, dass die Art und Weise, wie das Sprechen erlernt wird, maßgeblich die künftigen sozialen und schulischen Perspektiven eines Kindes beeinflusst. Auf unterhaltsame Weise lernt der Leser, den Nachwuchs zu verstehen und erhält zahlreiche Tipps für die richtige Förderung des Spracherwerbs. Nebenbei erfährt er auch viel über die eigenen Sprechgewohnheiten.

Die langjährige Erfahrung der Autorinnen Linda Clark und Catherine Ireland kommt heute nicht nur ihren Patienten zugute. Sie geben auch Kurse für Eltern, die den Spracherwerb ihrer Kinder fördern wollen und organisieren Seminare zu diesem Thema.

184 S. 28 farbige Ill. Pb. 15 x 23 cm DM 24,80 sFr 23,00 öS 181,00 ISBN 3-89530-005-5

Crotti/Magni

Die Geheime Sprache der Kinder

»Kinderzeichnungen können als einfache motorische Aktivität betrachtet werden, sie erlauben jedoch auch einen tiefen Einblick in die Seele des Kindes. Die Seele des Kindes ist nicht etwa ein ›unbeschriebenes Blatt‹, sondern vielmehr ein ›Aufnehmer‹ des Lebens und zugleich ein vorzüglicher Beobachter der Wirklichkeit, in der das Kind lebt.«

Dieses für Eltern, Lehrer, Kinderärzte und Psychologen geschriebene Buch bietet eine konkrete Möglichkeit, die Bildersprache der Kinder kennen zu lernen und die mit Farbe und Malstil ausgedrückten Botschaften zu interpretieren. Eine Vielzahl von farbigen Zeichnungen wird von leicht verständlichen und sehr aufschlussreichen psychologischen Kommentaren erläutert.

Evi Crotti, diplomierte Psychologin, Pädagogin und Journalistin, hat 1975 die »Scuola di Grafologia« in Mailand gegründet. Als Spezialistin in Kommunikationsprozessen gilt ihr besonderes Augenmerk der Entwicklungspsychologie.

Alberto Magni, Facharzt für Chirurgie und Psychotherapeut, befasst sich seit Jahren mit Fragen der Grafologie und Bildersprache.

224 S. 118 vierfarbige Ill. Pb. 15 x 23 cm DM 26,80 sFr 25,- öS 196,- ISBN 3-89530-022-5

Page Smith
Abenteuer Alter

Ein Reisebebericht, der – jenseits der
üblichen schulterklopfenden, ja oftmals
entmündigenden Ratschläge an die Alten –
die Freuden und Leiden des Alterns ana-
lytisch klar und selbstironisch, zugleich
aber verständnisvoll und warmherzig dar-
stellt. Vor allem die jüngeren Leser/innen
erhalten Gelegenheit, eine Reise in die
Innenwelt des Alters zu unternehmen.

Page Smith gehörte zu den renommierten
amerikanischen Historikern und veröffentlichte
über zwanzig Bücher. Er war leidenschaftlicher
Geschichtslehrer, aber auch ein humorvoller
und ungewöhnlicher Zeitgenosse.

Bis zu seinem Tod setzte sich Page vehement
für eine Reintegration der Alten in den Lebens-
prozess ein und bot der Gerontologie fordernd
die Stirn. »In gewisser Weise heißt altern,
Überlebensstrategien zu improvisieren, während wir in unbekanntes Terrain gestoßen
werden … Im Leben gibt es zwei Erfahrungen, die so machtvoll und eindrücklich daher-
kommen, dass uns nichts darauf vorbereiten kann: die Geburt eines Kindes und das Alter.«

264 S. 27 s/w Fotos geb 14,5 x 21,5 cm DM 36,00 sFr 33,00 öS 263,00
ISBN 3-89530-026-8 Ausl. Okt 1999

Reidunn Stuedahl
Ein Glück, daß es Oma und Opa gibt

Die norwegische Psychotherapeutin und Pädagogin Reidunn Stuedahl, selbst seit kurzem
Großmutter, schildert, eingebettet in viele Geschichten und Zitate, was Nähe und vertrauter
Umgang für beide Seiten bewirken können. Frei
von Erziehungspflichten können die Großeltern
das Beisammensein mit den Enkeln genießen
und ihnen helfen, ihren eigenen Weg auch in
Problemlagen zu finden.

Die Beziehung zwischen Großeltern und Enkel-
kindern ist für beide Teile von viel größerer Bedeutung als gemeinhin angenommen wird. Großeltern sind nicht nur willkommene Babysitter und
Helfer bei Elternüberlastung. Dieses Buch zeigt
auf, dass es auch eine eigenständige Beziehung
zwischen Oma, Opa und den Enkeln gibt. Für bei-
der seelischen Haushalt spielt der andere eine lebensnotwendige Rolle.

Besonders illustrieren dies Passagen, die beschreiben, wie Kinder und Großeltern unter
dem Abbruch der Beziehungen leiden, was Großeltern für Kinder geschiedener Eltern
bedeuten – und wie es Großeltern trifft, wenn sie ihre Enkel und Enkelinnen nie zu Gesicht
bekommen haben (z.B., weil nicht das eigene Kind das Sorgerecht erhielt).

224 S. 28 farb. Ill. 15 farb. Fotos Pb. 15 x 23 cm DM 26,80 sFr 25,- öS 196,-
ISBN 3-89530-029-2 Ausl. Nov. 1999